「稼ぐ人」が実践する成功戦略

副業は、自己PRがすべて。

野呂エイシロウ

プレジデント社

はじめに

副業はあたりまえの権利として認められていく

47％。この数字は、株式会社リクルートが約8000人の正社員待遇のビジネスパーソンに対して調査した、**「兼業・副業の実施意向がある」人の割合**です（リクルート「兼業・副業に関する動向調査データ集2020」。以下、リクルート調査）。

なお、すでに「兼業・副業を実施中」の人が9・8％なので、**約60％の正社員が副業・兼業に興味がある**ということを意味します。

つまり、あなたのまわりでは、みんななに食わぬ顔をして働いているように見えても、**「ふたりにひとりは副業をしたいと思っている」**うえに、**「10人にひとりは実際に副業や兼業をしている」ということ**です。

「うちの会社でそんな人、聞いたことないよ？」と思うかもしれません。

それはそうです。「副業しているんですよ！」なんてわざわざ誰もいわないし、「もう、いますぐにでも副業をしたい！」ともいわないでしょう。

「それなら、もっと我が社に貢献しろ！」と怒り出す考えの古い役職者もいるでしょうし、残業を嫌がったり有給休暇を取ったりするだけで、「ん？　副業でもするの？」と冷やかされてはたまったものではありません。だからこそ、こうした統計情報ではじめて実態がわかるのです。

そんな状況にあるのは、**日本社会が長く「副業」を「自社の仕事をおろそかにする悪行」としてネガティブにとらえてきた**からです。あるいは、終身雇用が前提の社会では「社員の団結を破る裏切り行為」とみなされ、企業で働く社員のメンタリティもそれに追随してきたということもあるでしょう。

ですが、この統計情報からも見えてくるように、社員の気持ちはすでに大きく変わってきています。もはや、**「定年まで働いて、退職金をもらって、年金で悠々自適の老後生活」というトントン拍子の人生モデルは期待できない**からです。

「年金をもらえても雀の涙」とも、「定年退職の段階で2000万円の貯蓄が必要」ともいわれています。一方、会社からの給料は昇給・ボーナスが期待できないだけでなく、退職金や定年までの雇用さえも怪しくなっています。そうあっては、**「元気なうちに副業でほかの収入源を求める」のは賢明な判断**です。

その不安を裏付けるように、いま企業は「終身雇用へのギブアップ宣言」をはじめています。早い話が、「戦力にならない年齢になったら、もういらないよ」ということです。それについては、本書のCHAPTER01でお伝えしましょう。

「副業したい」と考える社員が増え、企業側も「会社に人生を捧げて甘えないでくれ」と考えている以上、早晩、**副業はあたりまえの権利として認められていく**ことは想像に難くありません。

現に、感度の高い企業から副業を解禁・奨励する制度が次々にはじまっています。

本当の「ゆとり」は、アルバイト副業では手に入らない

なんだか、いきなり重い話をしてしまいました。

もしかしたら、本書を手にしたみなさんは、**「副業で稼ぎを増やして、暮らしにゆとりをつくれたらいいな」**というモチベーションでいたかもしれません。

でも、現実はもっと深刻で**「自分で稼ぐ力を磨かなければ、お先真っ暗……」**。これがいまのリアルな状況です。

動機はなんであれ、副業で成功したかったらやるべきことは同じです。

「副業で月に5万円ほど」という小遣い稼ぎの意識は捨てましょう。

そして、本業を超えるくらい稼ぐことを目標にしましょう。

もし5万円のゆとりができたら、生活は多少楽にはなるかもしれません。でも、人生そのものに変化は起きませんよね？　車を買ったら、そのローンで消えてしまう程

度です。それって、本当に「ゆとり」といえますか？
でも、毎月20万円を副業で稼げたらあなたの生活、人生はガラッと変わります。もちろん、ただ「贅沢をしよう」というわけではありません。むしろ、**「必要なものを迷いなく買える」ようになることが本当のゆとり**だと僕は思います。

パソコンの調子が悪くなってきたなら、新しいハイスペックのものをすぐに買える。夫婦の家事分担が互いの生活を圧迫しているなら、食洗機や衣類乾燥機、ロボット掃除機を家計のことでもめずにすぐ買える。大切な友人の結婚式に、ご祝儀だけでなく気の利いたサプライズを贈ることができる。結婚記念日に配偶者がほしがっていたものを買える。子どもを私立の学校に入れることができる。親に海外旅行をプレゼントできる……数え挙げたらキリがありません。

人生を豊かにするために、迷わず資金を投入できる自由があること。それが「ゆとり」だと考えます。

そのためには、おそらく月5万円では足りません。まして、休日や終業後にアルバイトをするような副業では、その月5万円のために休息の時間やプライベートの時間が失われ、人生の豊かさとは程遠くなってしまいます。

そして、先にお伝えしたように、

「月5万円あれば御の字なのでアルバイトで十分」

「ちょっとした副業で5万円稼げればラッキー」

その程度で満足していては、将来のリスクヘッジにはなり得ません。もし会社が倒産したりリストラされてしまったりしたときに、アルバイトをするか、高齢でも雇ってくれる会社を探して不利な転職活動を行うしか生き残る選択肢がないのでは、あまりにサバイバル力に欠けると思いませんか？

でも、みなさんにはもう能力が備わっています。**その能力を活かしきれていない状況は、僕からしたら、「もったいない！」の一言**に尽きます。あなたにはもう、10年、20年と仕事で磨き続けてきたスキルやノウハウがあるはずです。そのスキルやノウハウには、あなたが思っている以上に需要と価値があるということを、まずは認識してください。

そして、**そのスキルとノウハウを活かし、副業で「本気の個人事業」を展開しては どうでしょうか？**　正しく「自己PR」を行い効率的に稼ぐ能力を磨けば、あなたの副業は月5万円といわず、月20万円でもそれ以上でも稼ぐことが可能です。それについては、本書のCHAPTER02でお伝えしましょう。

もし、「いやいや、そんなの無理だよ」とあきらめようとしているなら、その前に考えてみてください。

商売って、本来そんなに難しくないいんです。人間はいまよりずっと無学だった何千年もむかしの時代から、誰もが「商売」をして生きてきたという歴史があります。つまり、「トントン」くらいのビジネスなら誰でもできるのです。

ただし、「すごく儲かる」ためには、ただ商品を並べるような商売ではうまくいかず、「工夫」が必要です。その工夫が、「自己PR」なのです。

その手法を、本書でみなさんにお伝えします。

副業の成否は「自己PR」で決まる

僕の自己紹介がまだでした。

僕は、副業に詳しい人材コンサルタントでも専門家でもありません。いまの肩書きは、「戦略的PRコンサルタント」。簡潔にいえば、企業の取り組みや商品をPRするのがメインの仕事です。

さかのぼると、大学生時代には三菱電機などの企業が組織した「メルブレインズ」という学生シンクタンクに所属し、学生層に特化したマーケティング活動を行っていました。学生用クレジットカードや学生向けの家電を企画し、いずれも大ヒットしました。

また、大学卒業後は放送作家として、『天才・たけしの元気が出るテレビ!!』の構成にはじまり、『ザ!鉄腕!DASH!!』や『特命リサーチ200X』『奇跡体験!アンビリバボー』などの番組の内容を考える仕事をしてきました。みなさんが楽しんでいた番組のコーナーは、もしかしたら僕が考えた企画かもしれません。

その後は、放送作家としてのヒット番組をつくるノウハウを活かし、20年ほど前から企業向けの広報PRコンサルタントを「副業」としてはじめます。大手広告代理店をはじめ、自動車会社、家電、食品、金融、ファンドから学習塾、外資系企業など、これまでに150社以上と契約し、あらゆる商品・サービスを「どうすれば世の中に広く認知してもらえるか」「どうすればヒットさせられるか」を考える仕事をしてきました。もはやこのPRの仕事は、メインだった放送作家の仕事を超え、本業になっています。

さて、ここまで聞くと、「野呂《のろ》エイシロウって、ヒットメーカーなんだ」とか「副業としてはじめた仕事でも成功している人なんだな」という印象を受けたかもしれません。

少なくとも、「あまたいる一放送作家」が語るよりは、これからお伝えする「副業のノウハウ」について信憑性《しんぴょうせい》と期待感が生じ、「もうちょっとこの本を読んでみようかな」と思ってくれたはずです。

そして、**僕がいま、みなさんにしたこと。これは「自己ＰＲ」**です。

自己ＰＲとは、**具体的な経歴や実績、印象など、自分の価値を正しく相手に伝えることで、自分の言葉や仕事に「価値がある」と期待し、信頼してもらうための行為**です。

あなたが副業を成功させるためには、この「自己ＰＲ」は絶対に必要です。

例えばあなたが、「株式投資をやっているただの個人投資家」なら、株を学びたい人があなたにお金を払って教えを請《こ》うでしょうか？　それはあり得ません。実績がわからないし、まともな人かどうかもわからないからです。

でもあなたが、**「株で1億円稼いだ個人投資家」であり、「教え方がわかりやすいと評判」で、「しかも、いい人」という自己ＰＲができていれば、多少のお金を払っても教わりたい人はいる**はずです。

会社員として企業で働いていれば、自己PRなどしなくても上司があなたの特性や能力を理解し、仕事をうまい具合に差配してくれます。でも、**個人事業ではあなたが「信頼に値する根拠」を示さなければ仕事はやってきません。**

あなたがこれから副業でどんなビジネスを展開するにせよ、いまはインターネットで集客を行う時代です。ブログ、ユーチューブ、またはツイッターをはじめとしたSNSなど、インターネットを活用して自己PRを効果的に行う方法を、本書のCHAPTER03、04でお伝えします。

そしてCHAPTER05、06では、**実際の顧客や仕事上の関係者とのコミュニケーションにおける自己PR**をお伝えします。

インターネットでの自己PRは認知や集客がメインの目的ですが、リアルの場でのコミュニケーションを通じた自己PRは、「自分の印象」をとことん高め、市場価値を引き上げることが目的です。

端的にいえば、「デキる人」「おもしろい人」「ちゃんとしている人」と相手に思ってもらうためのポイントを紹介します。

「デキる人」「ちゃんとしている人」の振る舞いが信頼につながることは理解しやすいと思いますが、実は「おもしろい人」という印象も大切なものです。

結局、仕事は「人がするもの」なので、誰だって「一緒に仕事して気持ちのいい人」や「モチベーションが上がる人」と仕事がしたいのです。


僕の経験談ですが、2008年のリーマンショックによる世界同時不況の際、僕と同業の多くの広報PRパーソンが仕事を失いました。日本を含む世界中の株価が暴落し、企業の資産も目減りしたことで、不要不急の支出を控えたのです。こういったとき、先端研究やコンサルタントへの投資が真っ先に削られてしまいます。でも僕は、ほとんどの企業に切られることがありませんでした。

不思議に思って理由を顧客先の経営者たちに聞いてみると、「野呂くんは話をしていておもしろいから」「みんなモチベーションが上がるから」。そんな理由でした。

単純な好意もあるのでしょうけれど、「チームの雰囲気をよくする気遣い」がメンバーの能力や主体性を引き出し、結果につながるという現実的な効果が僕にあったということなのだととらえています。それが、ただ戦略立案をするだけのコンサルタントとの差別化になったということです。

あなたの信頼性や価値を、WEBできちんとソツなく表現すること。
あなたが価値ある存在であることを、コミュニケーションで表現すること。

この自己PRができるかできないかで、同じ能力を持っていても、副業の収入は「月5万円」にも「月100万円」にも変わります。

そもそも、自己PRをしなかったら、商売なんて不安が募るばかりです。
あなたはいま勤務先の会社の看板を置いて、「副業」というステージに挑戦してみたいと思っているはずです。でも、「本当にやっていけるのだろうか……?」と不安に感じていることも多いでしょう。

その不安も、自己PRを徹底することで「確信」に変えられます。あなたが世の中に自分自身と提供できる価値をＰＲすることで「ぜひ教えてほしい！」「力を貸してほしい！」という声をもらえたら、「自分には需要がある！」と信じることができますよね。

その確信もなく事業をはじめるなんて、あるかどうかもわからない島に向かってなんとなく出航するようなものであり、まさに、無謀な船出です。

これから副業という個人事業をはじめるあなたにこそ、自己ＰＲは必要不可欠です。そして、努力を無駄にせず、新しい人生をその手に摑《つか》み取ってください。

目次

はじめに

副業はあたりまえの権利として認められていく……002
本当の「ゆとり」は、アルバイト副業では手に入らない……005
副業の成否は「自己PR」で決まる……009

CHAPTER 01

「副業」が必要なこれだけの理由

「終身雇用制度」は終了しました……024
「昇給」にも期待できない時代……027
「安定企業」など存在しない……030
コロナ禍で「しがみついた店主」と「動き出せた店主」……032
「自分のコンテンツ」を磨かなければ淘汰される……035
「副業は悪いこと」って誰が決めた？……041

収入源は「ロープ」か「ネット」か 045
僕がスムーズに副業をはじめられたワケ 047
「ライフラインチャート」で「自分」がわかる 051
副業の経験がもたらす本業への好影響 055
「事業所得」は税制的にも有利になる 059
心のなかで「会社員を辞める」 061
60代でも「俺のフライドチキン食べてくれ！」 065

CHAPTER 02

しっかり稼げる副業の見つけ方

基本原則は「自分のスキルを活かして稼ぐ」 070
副業で「会社員感覚」の値付けはNG 072
アルバイトは「時給だけ」なら「時間の無駄」 076
「株式投資」で副業に大切なマネーリテラシーを磨く 079

「好きなこと」をビジネスにする方法 083
「雑用」もニーズ次第で「代行」に変わる 086
あなたの「専門スキル」をビジネスにする5つのステップ 088
「誰に」「どこで」「なにを」売るかを考える 091
「市場調査」のキモは〝稼げている層〟を見極めること 095
顧客となるターゲットの母数を調べる 098
身近な人たちからニーズを探ってみる 101
稼ぐためには「自己PR」が必要だ 103

CHAPTER
03

自分の情報を発信するコツ【WEB活用PR】

僕はブログで「敏腕コンサルタント」になった 108
「ブログ」は自己PRのホームグラウンド 112
ブログもSNSも「読者のため」に書く 116

テーマを絞ったほうが効果的でラクになる …… 120
ゴルフ初心者がドライバーでかっ飛ばすことはできない …… 124
モチベーションを維持する秘訣 …… 127
信頼を損なう「NG発信」 …… 130
「興味のない本」からアイデアは生まれる …… 134
「体験」がアイデアの質と量を高める …… 137
メモすることはアイデアに本気で向き合う行為 …… 141

CHAPTER
04

ファンがいなければ一銭も稼げない【WEB活用PR】

自分の「ファン」をつくる覚悟を持つ …… 146
あなたの表現する「人格」がファンを生む …… 149
「信頼される人」のプロフィールの書き方 …… 152
タイトルと写真で、一瞬で読者をつかめ …… 158

「好かれる人」のブログ・SNSの書き方 161
「好かれる人」はコンプレックスや失敗に向き合う 164
「好かれる人」はスマート過ぎる自慢話をしない 167
「好かれる人」は自分の経験を書く 171
「好かれる人」は読む人にとって有益な話を書く 173
「好かれる人」は「みんな」ではなく「あなた」に呼びかける 176
「好かれる人」は写真写りの印象がいい 178
「ライフラインチャート」と「年表」でキャラクター設定 181
ブログ自体も「販促ツール」 184
嫌なコメントは「イチロー思考」で処理する 187

CHAPTER 05

リアルで一緒に仕事をしたくなる人のイメージづくり【リアルPR】

「売れっ子」に見せて「売れっ子」になる 192

「会社の看板」なしでも信頼される自分になる……195
人の印象は、「2秒」で決まる……198
「業界っぽい服装」の落とし穴……201
誰だって半日も経てば清潔感を保てない……203
自分に自信のない人ほど「自撮り」せよ……205
名刺は「品よくシンプル」が最強……208
言い方ひとつで「売れっ子」の印象がひとり歩きする……210
悪口や陰口はいわず、褒めまくる……213
慣例にとらわれない気配りと配慮をする……215
「行きつけの店」は頼れるビジネスパートナー……218
パーティーや懇親会では「気を遣わせたら負け」……220
名刺交換後は、速攻の御礼メールが有効……222
遅刻での信用失墜を防ぐ「朝型」スタイルのすすめ……224
「電話にすぐ出る」「メールは即返」でチャンスを逃すな……226
定期的なコミュニケーションを習慣化する……229

CHAPTER 06

「会話が楽しい人」に仕事とお金はやってくる【リアルPR】

「会話が楽しい人」はビジネスでも最強だ！……234
自分の声を聞く「レコーディング研究」……236
「会話の楽しさ」は相手が決めること……239
「ウンチク」は気持ちいい。だから相手に話させる……241
自分のプライドより相手のメンツ……244
「結論の先出し」で関心を引く会話術……247
初対面でも会話が途切れないコツ……249

おわりに

自己PRの力は価値を増していく……253

CHAPTER 01

「副業」が必要なこれだけの理由

「終身雇用制度」は終了しました

新型コロナウイルス感染症の感染拡大や東京オリンピックの開催可否に揺れていた2021年5月、衝撃的なニュースが経済界を駆け巡りました。

「パナソニックが本格的なリストラに着手する」

あまり経済に関心のない人からすれば、「えっ？　そんなこと東芝も日立もソニーもどこでもやってるじゃん」という感想かもしれません。でもやはり、**パナソニックのリストラというのは時代の転換を強く感じる出来事**だったと思います。

創業者の松下幸之助《まつしたこうのすけ》さんは、一代で日本を代表する電機メーカーを築き上げた「経営の神様」です。さらに、「事業は人なり」をモットーとし、とても従業員を大切にされました。戦前の世界恐慌の際、従業員をリストラせずに危機を乗り切った逸話も相まって、「日本の終身雇用の生みの親」と評されることもあります。

また、PHP研究所を設立して日本の倫理教育に乗り出したほか、「松下政経塾」を立ち上げ、数多くの政財界のリーダーを輩出してきました。その経営哲学と人間観は、日本社会の背骨のひとつになっているといってもいいでしょう。

だからこそ、その意思を受け継ぐパナソニックを「終身雇用制度の本丸」のように感じてしまうのです。実際のところ、過去にも同社でリストラは実施されましたが、これほど大規模なリストラを打ち出すことになったことは、いよいよ天守閣が炎上し**「終身雇用制度の終焉」が決定的になった瞬間**だと感じざるを得ません。

そもそも、これまで終身雇用制度は「システム上、永続は不可能」だといわれ続けてきました。図解するまでもない当然の話です。

50年という長いスパンで経済の動向を見れば、景気の波は何度も訪れます。景気がいいときは事業拡大のために人を雇い入れなければなりません。しかし、景気が悪化すれば事業も縮小し、不要な人材が余るので解雇する必要が出てきます。日本以外の海外企業ではそれがあたりまえです。そうして解雇された者たちは、自分のスキルを活かせる場を探し、違う場所で戦力として活躍し続けます。

しかし、**終身雇用制度では人が余っても切ることができません。**すると余った人材は、自分のスキルを活かすチャンスもなく、閑職へ追いやられるか、ひとり分の仕事をふたりでわけて体裁を保ちます。なんとか不況を乗り切って次の好景気が訪れたときには、余っていた人材のスキルも意欲もすっかりサビつき、もう戦力になりません。よって、また人を雇い入れます。そうして**組織はどんどん肥大化し、戦力にならない余剰人材を溜め込んでいきます。**

日本社会が右肩上がりに成長し続けていた時代には、それでもエンジンの推進力のほうが強かったので重い組織をなんとか進めていけましたが、バブル崩壊以降、中国や東南アジア諸国の台頭により日本経済の推進力が低下し、いよいよ沈没をはじめたという見方ができます。

つまり、**終身雇用制度は「経済がパワフルに成長し続ける」という永続不可能な条件のもとで**成立するシステム**だったのです。

「昇給」にも期待できない時代

現在は、世界的に見ても日本人の生産性は低く、給与水準も諸外国に年々追い抜かれている状況であることはみなさんもご存じでしょう。

その一因こそ、まさに終身雇用制度にあります。生産性の低い不要な人材をどんどん抱え込み、彼ら彼女らの分まで人件費がかさんで利益を圧迫し続けた結果、ひとりあたりの生産性が低下するという悪循環に陥《おちい》っているのです。

また、不要な人材は業務の遅滞も招きます。ひとりでもできる仕事をわざわざふたりにわけると、彼ら彼女らは周囲から「簡単な仕事をしている」とバレないよう、自分の仕事を意味もなく複雑化させます。申請書や企画書をたいした懸念もないのに時間をかけてチェックし、「もっとよく精査しなさい」といって突き返す中間管理職があちこちに誕生し、事業全体のスピード感が失われ、生産性はさらに低下……。その結果が、日本社会の給与水準の低さにつながっているのです。

そう考えると僕は、**「終身雇用制度が終わることは悲しむべきことではない」**と思うのです。日本企業の雇用が流動的になれば、生産性の高い仕事ができるし、DXの進歩も追い風になって組織はスリム化され、業務効率が高まり、国際的な競争力も向上するかもしれません。

クビを突きつけられる人は大変だと思いますが、役割もなく組織に置かれ、非生産的な業務を与えられて、自分のキャリアやスキルを生殺しにされることがなくなるという側面もあります。

一流企業で居場所を失って中小企業に行ったら、前職ではあたりまえ扱いだったノウハウやスキルが新しい職場では革新的で、イキイキと活躍し出すのはよくある話です。

逆に、下請け企業から元請けの企業に転職したら、「現場の状況や気持ちが理解できる」ことがストロングポイントになって重宝されるというのもよく聞く話でしょう。

極端な話、ＩＴ企業で働いていたらＩＴリテラシーが高いのはあたりまえですが、世の中の中小企業では「メール設定ができる」「クラウドストレージを業務で使えるよう妥当なサービスを選んで設定してくれる」時点で、その人は〝神〟です。

それまで**培《つちか》った経験やスキルは、別の場所で活かすことで差別化され、価値が「見える化」されるの**です。

ところが、その流れに対し、政府は歯止めをかける政策を打ち出しました。「高年齢者雇用安定法」という法律が改正され、２０２１年４月より**「70歳までの就業機会の確保」が努力義務として課せられた**のです。

あくまでも努力義務ということですが、上場企業などの大企業であればコンプライアンス的にも国の方針を遵守《じゅんしゅ》せざるを得ません。公的年金の維持が困難になっている以上、いずれ義務化を視野に入れていることも考えられます。

つまり、ただでさえ企業は高齢化し、終身雇用制度によってバブル時代に溜め込んだ余剰人材があふれているのに、「もっと長く抱え続けろ」といっているのです。

これは、いま働き盛りの人たちにとって不幸なニュースです。役職のポストはいつまでたっても空かないし、**無駄に給与の高い人材がさらに残り続けて利益を圧迫するのだから、昇給なんて期待できません。**いっそのこと、リストラされてしまったほうが、収入もやりがいも高められるかもしれません。

「安定企業」など存在しない

僕が放送作家を専業とせず、広報PRコンサルタントを兼業しはじめたのも、「世間でいわれるほどテレビ業界の未来は明るくないんじゃないか?」とどこかで感じていたからです。

かつては、テレビ局の放送作家になれば年収3000万円やそれ以上はあたりまえで、それこそ、世間の話題を自分がつくり出しているような気持ちになれました。

でもいまは、テレビよりインターネットの時代になってしまいました。マス媒体としての広告価値は下がり、番組の制作予算は苦しくなるばかり。テレビ局がまるで全国民が待望しているかのように宣伝する恒例の特番も、実際の視聴率はあまり高くありません。まさに諸行無常、栄枯盛衰。**変わらず栄え続けるものなどこの世にはないのです。**

かつて世界を席巻した日本の自動車産業も、いまEVシフトという大きな転換点にあります。欧州の自動車メーカー各社が、今後ガソリン車は生産しない完全EV化を打ち出し、欧米や中国でも2030年代以降のガソリン車の販売禁止などを掲げています。

東京都でも小池百合子《こいけゆりこ》知事が2030年までに新車のガソリン車の販売をゼロにする方針を打ち出しており、日本の自動車メーカーも追随せざるを得ません。

困ったのは、これまで自動車メーカーに部品を供給してきた町工場です。エンジン部品など**ガソリン車のために培ってきた技術やノウハウは、EV車に転用できるとは限らない**からです。

これまでの、値下げ圧力や生産数減少といったピンチに対しては、「耐えること」

が対処法でした。自動車への需要は将来もなくならず、安定していると信じられたからです。しかし、新しい技術に取って代わられるとあっては、もはや**現状維持で耐えることではなにも解決しません。「変わる」努力を求められている**のです。

いまみなさんは、生き残るために「現状維持で耐える」ことが最善ですか？　それとも、「変わる」必要があるでしょうか？　まずは、そこを冷静に見極めましょう。

コロナ禍で「しがみついた店主」と「動き出せた店主」

仕事の安定感が突然失われたという意味では、2020年以降の新型コロナウイルス感染症の拡大の影響も大きかったですよね。度重なる緊急事態宣言と時短要請、酒類の提供禁止などで、飲食店のみなさんは非常に苦しい思いをされました。

テレビのニュース番組では、「政府の対策が遅い！」「もうもたない！」と嘆《なげ》く声が聞かれる一方、**街に出てみると自分で打開策を見出している店舗もたくさん見かける**

ことができます。

僕がよく行くお好み焼き店は、食材の仕入れルートを流用して日中は八百屋さんに業態変更していました。平日の昼でもお客さんが途切れず賑わっていて、「たくましいな！」と思わずうれしくなってしまいました。

いち早くデリバリーサービスに乗り出して商品開発を行ったり、商店街全体を巻き込んでテイクアウトに注力して集客力を高めたりするなど、状況をすみやかに理解し、いまできる商売をはじめた人がたくさんいました。

図らずも、このコロナ禍における飲食店のアクションの違いは、**VUCA（《ブーカ》：Volatility《変動性》、Uncertainty《不確実性》、Complexity《複雑性》、Ambiguity《曖昧性》の頭文字をつなぎ合わせた言葉）といわれるこの変動の時代に必要なマインド**を表していたと思います。

つまり、**商売とは本来、自由である**ということです。

「自分は蕎麦を打つことしかできない。必要とされないならそれまでだ」と決め込んで商売を固定してしまった店主と、「この会社で定年まで勤めあげることが最善なのだ」と決め込んでいる人は、**「変化に対応できない」という点で同じ**です。

カレー屋がカレーだけを売らなければならない法律などありません。お客様にニーズがあるのなら、カレーうどんでも、カレーバーガーでも売ればいいし、タピオカドリンクが流行ればそれを売ればいいのです。

結果としてカレーうどんばかりオーダーされるなら、カレーうどん専門店になってチェーン展開に乗り出してもいい。この資本主義社会では、法律の範囲内で好きなように商売を行うことが権利として許されているのです。

大事なのは、**会社員もひとりの「商売人」**だということです。みなさんは自分の店こそ構えてはいませんが、労働時間や成果を商品として企業に提供し、対価を得ている時点で、商売をしているのです。

そして、本来自由であるはずの商売のあり方を、「この会社だけに労働力を提供して稼ぐ」と決めたのは、自分の意思というより「そういうものだ」という世間一般の常識なのではないでしょうか?

しかし、それはもう完全に古い考えです。所属意識を持つのなら、**「会社」以前に「資本主義社会」に所属していることを自覚すべき**だと思うのです。**会社員だからといって、商売をいまの所属企業に縛られる必要なんてない**のです。

「自分のコンテンツ」を磨かなければ淘汰される

「会社員だからといって、商売をいまの所属企業に縛られる必要はない」

これは僕だけの意見ではなく、これまで社員を抱え込もうとしてきた企業が、いまメッセージとして発信しはじめています。

冒頭でお伝えしたパナソニックの大規模リストラの話には、もう少し続きがあります。パナソニックの今回の施策は「特別キャリアデザインプログラム」と銘打たれています。つまり、退職金を最大4000万円積み増して「クビを切る」のではなく、あくまで「パナソニックで培ったキャリアとスキルを活かし、社外で活躍の場を求めてチャレンジしてほしい」という、セカンドキャリアの提案なのです。

「それは建前だろう」といえば身も蓋もありませんが、いま公然とリストラをすることは、企業として心証が悪いわけです。だから、コストをかけてでも「セカンドキャリア支援」というかたちを取るのです。

要するに本音は、**「生産性のない人材を終身雇用するのは難しい時代だ。だから、支援はするから外の世界で新しいキャリアをつくってほしい。会社のためにもあなたのためにも無駄にしがみつかないでください」**ということなのです。

確かに、4000万円近く積み増して退職金をもらえるのなら、介護業界など人材不足だけど収入面では不利になりやすい業界にもチャレンジし、社会に自分の価値を提供することができそうです。また、本来優秀な人たちも多いのですから、一念発起して新たなビジネスに挑む準備ができるでしょう。

このほか、セカンドキャリア支援を実質的に「副業支援」のようなかたちで行っている例もあります。大手広告代理店の電通では、「ライフシフトプラットフォーム」

制度という、全社の40代以上の正社員のうち、希望者を「個人事業主」として契約する仕組みを設けています。２０２０年からスタートし、実際に全体の約３％にあたる約２３０人が個人事業主としての活動を開始したそうです。

電通は基本的に副業禁止ですが、この制度を受けて個人事業主になれば、10年間は電通が契約してそれまでの給与程度の固定報酬を確約したうえで、他社との仕事もできるようになります。

10年後に取引先としての価値がなければ契約解除されることは明白ですが、10年間も生活の安全を保障されたうえでフリーランスとしての地盤づくりができ、自分の能力を外で活かす方法を模索できるのですから、これは建設的な施策です。実際に、僕の友人の多くがこの仕組みを使っています。

このように、**いま企業は従業員に対し、長年働いた会社に寄りかかるのではなく、「自分の力で70歳まで働ける方法を考え、行動に移してほしい」といっている**のです。

しかし、50代以上の年齢でも有利に転職活動を運べる、あるいは、個人事業主になれるようなキャリア形成やスキルアップを準備してきた人などほとんどいません。だからパナソニックは、「退職金の積み増し」という支援をしたのでしょう。

逆に電通は、40代のうちから個人事業としてスキルやノウハウを活かし、成功事例を積んで飛び立っていってもらえる枠組みを用意したといえます。

多くの企業はパナソニックのように資金で支援をしたり、会社がセカンドキャリアのためのスキルアップを支援したりできるほど自己資本が潤沢ではありません。ですから、電通のように個人事業主になってもらって契約するのが現実的ではないでしょうか。

でも、もっと簡単に従業員に自分のコンテンツを磨き、市場価値を高めてもらう方法があります。**それは、「副業の解禁・奨励」**です。

今後おそらく、**副業は徐々に解禁されていく**と思うのです。

リクルートの調査によれば、企業の半数は「自社には副業の制度がある」と回答しています。一方、従業員に対する調査では「副業の制度がある」と答えたのは18%で

人事担当者への調査

従業員の兼業・副業を認める人事制度の導入状況

■単一回答　n＝1,648

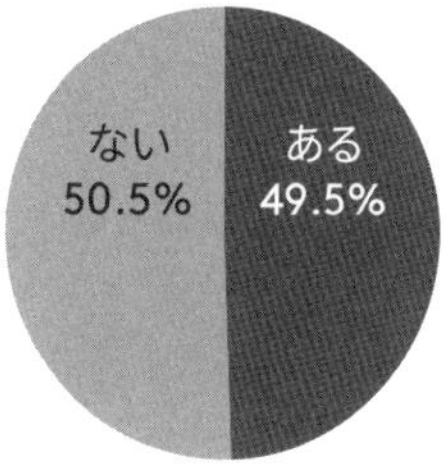

個人への調査

勤務先での兼業・副業を認める人事制度の有無

■雇用形態が正社員の人（単一回答　n＝7,937）

■兼業・副業制度がある
■兼業・副業制度はない
■わからない

総計

人事担当者への調査

兼業・副業の人事制度の課題（兼業・副業制度の導入検討中）

■兼業・副業を認める人事制度の導入を「検討中」と回答した人（複数回答　n=332）

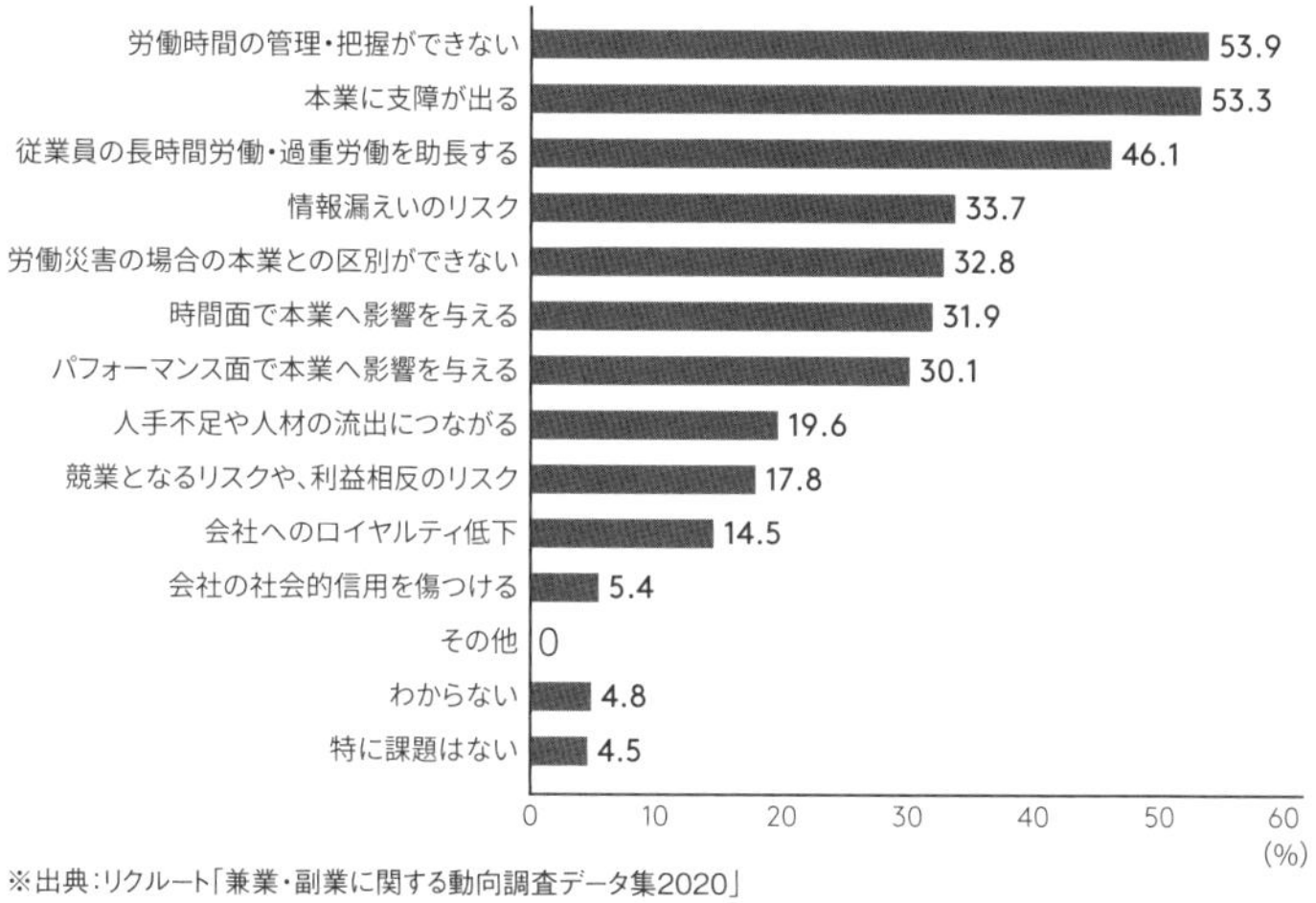

※出典：リクルート「兼業・副業に関する動向調査データ集2020」

す。これは推測ですが、企業の「制度がある」は「特に禁止はしていない」に過ぎず、実際は申請ができる空気ではないのだろうと考えられます。

なぜなら、企業には副業を解禁してしまうと「自社の業務に集中してもらえない」「就業中に別の仕事をはじめてしまう」という不安があるのです。それがいま、企業が副業を認めない最大の要因です。

ですが、将来的に昇給が望めないなかで、若手社員の副業の意向はどんどん大きくなっています。そして、バブル層をはじめとする「社内引退」状態の社員が自分の道を見つけて外で活躍してくれるのなら、企業にとってもありがたいはずです。

「しっかり働いてくれるのか心配」で普及しなかったリモートワークは、コロナ禍における必要性に迫られて広く普及しました。

かつて、申請自体がタブー視され形骸化していた有給休暇制度は、コンプライアンス意識の高まりによっていまでは「取得理由を問うこと」さえナンセンスに変わっています。

いずれ副業も、「それがあたりまえ」になります。問題は**そのとき、あなたが副業で成功できる準備が整っているか**どうかです。

「副業は悪いこと」って誰が決めた？

それでも、これまで多くの人が「副業は悪いこと」という漠然とした印象を持っていました。不誠実で、不真面目なことのように感じ、後ろめたさを抱いてしまうのだと推測します。

でも、本当にそうでしょうか？

「ひとつのことを極める」

それを善とする価値観が、日本には古くから根付いています。いったい誰が言い出したのかわからない社会通念なのですが、僕も社会に出るにあたり父親から「ひとつのことを極めなさい」と教えられた記憶があります。

現在、放送作家と広報PRコンサルタントの二足のわらじでそれなりに稼げるようになったこともあり、父親には「おまえはフラフラした人間でよかったな」といわれていますが、かつては、父親がいっていたような価値観が主流だったことは事実です。

おそらく、いまの若い人は副業に対してネガティブな印象はないと思います。転職によるキャリアアップは当然視されていますし、むかしのように「会社に忠誠を誓う」という終身雇用に基づく考え方はピンとこない人も多いでしょう。

逆に、いまだに企業が強権的に「来月から地方に転勤。来週中に引っ越しの手続きを整えなさい」などと命令することに対し、人権侵害をされたような怒りを覚えるのではないでしょうか。

そのように、会社員としての役割と個人としての生活をしっかりわけているので、副業に対しても「会社員としての職責を果たしていれば、就業時間外のことをとやかくいわれるのはおかしい」と考えています。

僕もそう思います。いまだ**多くの企業が社員を〝所有物〟と勘違いしている**のです。

僕たちは資本主義社会に所属する〝商売人〟であり、会社には「職能」や「労働時間」を売っているに過ぎません。よって、会社がそれ以上のことを求めてくるのは、そもそもお門違いなのです。

ところが、僕らの世代（40代以上がそれにあてはまるでしょうか）は、ある呪縛をかけられているのです。

それが、「ひとつのことを極める」を善とし、派生して「いい学校を出て、いい会社に入って、一生そこで勤めあげて出世するのがいい人生」という固定観念です。これはいわば、副業とは対極にある発想です。

こうした考え方は、戦後の高度経済成長の影響が大きいのだろうと思います。1950年代以降に朝鮮戦争、ベトナム戦争による特需を経て日本経済は成長し、さらに人口ボーナスで内需は高まる一方。市場に恵まれているのですから、企業はシェアを摑むことさえできれば、なにをしたって成長します。

右肩上がりの時代に給与の心配はありませんでした。ひとつの会社で技術を愚直に磨き続けたことで、日本のエンジニアは世界を驚かす高品質な自動車や家電を生み出し、それこそ世界を席巻しました。

その成功体験が根強く残っている年齢層（60代以上）や、その層に属する親や教師、上司の影響を受けている人（40代以上）にとっては、「副業はいけないこと」という認識があるのではないかと考えられます。

でも、その発想は残念ながらいまの時代にまるで見合ったものではありません。もう**高度経済成長のような社会全体が右肩上がりになる時代は訪れないのですから、意識をバージョンアップさせなければなりません。**

あなたが副業をはじめたとき、それを知った周囲の高齢層はいい顔をしないかもしれません。ですが、それは「古い」のです。**彼ら彼女らがあなたの人生に責任を取ってくれるわけではないのですから、そこは割り切って進むべき**でしょう。

収入源は「ロープ」か「ネット」か

「副業」というと、どうしても小さなスケールで考えてしまいがちです。

例えば、本業での月収が30万円に対し、副業は5万円〜10万円程度のイメージを持ってはいませんか？　ですが、**実際に副業で成功している人は、本業と同等、あるいは2倍、3倍と稼いでいる**ことも珍しくありません。

そうなると、副業というより〝複業〟であって、どちらが本業というわけでもなくなるのです。会社員の人は、給与と同程度に稼いでいる自分のビジネスがあれば、仮にリストラにあっても生活に困ることはありません。

もうひとつの仕事を持つことの価値は、「小遣い稼ぎ」や「たくさん儲ける」という以上に、収入源を複数持つことによる「リスクヘッジ」なのです。この感覚は、一見、不安定に思えるフリーランスで仕事をしている人は強く実感していることです。

会社員だと給与しか収入源がなく、1本のロープで自分を支えているようなものです。そのロープが半永久的に切れることのないものならいいですが、先に述べたように、いまは大企業の太いロープさえほころびが見えています。万が一切れてしまえば、谷底に真っ逆さまです。

ですが、フリーランスで個人事業をはじめ、様々な企業からの細い収入源をたくさんつくると、1本1本のロープは細くとも、まるでネットのような安定感を生み出すのです。

社会情勢の変化によって取引先が潰れても、仕事で失敗して取引契約を解除されても、あるいは、我慢できない不義理をされて自分から仕事を絶っても、まだいくつも収入源があれば安心して仕事を続けることができます。

会社員の副業だってそれと同じことです。給与は1社からしか支払われませんが、個人事業主として行う副業では、いくつもの会社や個人が収入源となります。

それが、変動の大きないまの時代に安定的な収入を確保する手段となるのです。

僕がスムーズに副業をはじめられたワケ

「副業をやるうえで、会社員として培ってきたスキルやノウハウを活かす」といっても、自分で自分のスキルレベルや価値を見出すことができていなければ、とても副業には活かせません。

会社では、上司や先輩があなたの自覚していないスキルやセンスを見つけ出して盛り立ててくれるかもしれませんが、**一歩外の世界に出れば、自分の価値は自分でアピールしなければならない**のです。

僕は放送作家だけをしていた頃から、自分の強みは明確にしていました。放送作家は厳しい競争社会ですから、強みを明確にして、それをプロデューサーやディレクターにわかるようにしなければ仕事を得ることはできないからです。

そのアピールの場のひとつが、番組の企画会議です。僕は会議の場で、誰よりもアイデアを出し、発言することを徹底したのです。

毎回、どんなアイデアを出したときにプロデューサーの反応がよかったかを細かくメモして、それを参考にアイデアを溜めて会議に臨んでいました。会議にはほかの放送作家も呼ばれていましたが、発言やアイデアのない人は次から姿を消していきました。

そうして放送作家として着実に仕事を増やしていたとき、テレビ局に張り付いているPR会社のスタッフに声をかけられました。そのPR会社スタッフは、番組関係者に対して、自身のクライアントの商品やサービスを番組に取り上げてもらえるよう声をかけてまわっていたのです。

「野呂さん、この商品なんだけど番組に露出できない?」といってプレスリリースを渡されたのですが、書面の内容が「これ、いろいろな局の番組に同じ書類を渡しているな」とすぐわかるようなクオリティの低いものでした。

どの局のどんな番組も、スタッフは番組に愛着を持って制作しています。もっと自分たちの番組をしっかり見て、内容に合うように企画立てして提案してくれたら検討してもらえるだろうに……と思った瞬間、「それを僕がやればいいのか！」と閃《ひらめ》いたのです。

僕は放送作家だから、番組のコーナーを考える「企画力」や「シナリオ力」が基本スキルです。それに加え、番組会議で磨き続けてきた「アイデア力」もある。そうした**自分のスキルを自覚していたから、チャンスに気づくことができた**のです。

「アイデア力」は、日常的にアイデアをひねり出す仕事のなかで培われる専門スキルです。例えばコピーライターの基本的な思考法に、「１００案思考」というものがあります。これは一言のコピーを考えるのに１００案でも２００案でも、まずは質より量でアイデアを出す作業です。実際にやってみるとわかりますが、「食器洗剤のよさを伝える」テーマで思いつくままコピーを考えると、10案か20案ぐらいでネタが尽きます。

そうなると、以降は「考え方のアプローチを変える」必要が出てきます。「洗剤がない時代ってどうだったんだ？」とか「洗剤って医薬でいう抗生物質？」とか、洗剤を360度いろいろな視点で考え、意外なキーワードを抽出していくのです。

放送作家も同様で、「おもしろいアイデア」というのはセンスだけでなく、そうした思考のトレーニングの積み重ねが培った「スキル」によって生み出されるのです。

そのスキルに関して、PR会社や企業広報の人たちにも負けない自信がありました。**異業種の放送作家として鍛えてきた力が、PR業においても武器になった**のです。

様々な商品やサービスを使った「おもしろい企画」を個々のテレビ番組のカラーに合うように考える。プレスリリースも、制作現場のスタッフのハートに刺さるように書く。それこそが、広報PRコンサルタントとしての副業のスタートでした。繰り返しますが、**自分の「売れる商品」が見えていたからできた仕事**です。

みなさんも、まずは自分のスキルや強みをあきらかにしましょう。そのための**「ライフラインチャート」**について次の項で説明します。

「ライフラインチャート」で「自分」がわかる

「ライフラインチャート」とは、**「自分の人生の満足度の変化を1本の曲線で表現した表」**です。ライフラインチャートを作成し、自分がこれまで行ってきた判断が幸福度にどう影響してきたかを知ることで、自分の「価値観」や「本当にやりたいこと」を理解することができます。

社会人になった時点や学生時代からをスタート地点として、チャートに人生の転換期となった印象的な「よかったこと」「悪かったこと」を書いていきます。
「部活で好成績をあげた」「大失恋した」「不本意な企業に就職」「楽しそうに働く友人に嫉妬してさらに落ち込む」「はじめて顧客に感謝される」「月間営業成績トップになる」「はじめての部下が退職」「自分の営業スタイルを見直す」など、人生の満足度が変わった瞬間に点を打ち、線で結んでいきましょう。山と谷のある、人生の幸福度の変遷ができあがります。

野呂エイシロウのライフラインチャート（15歳〜現在）

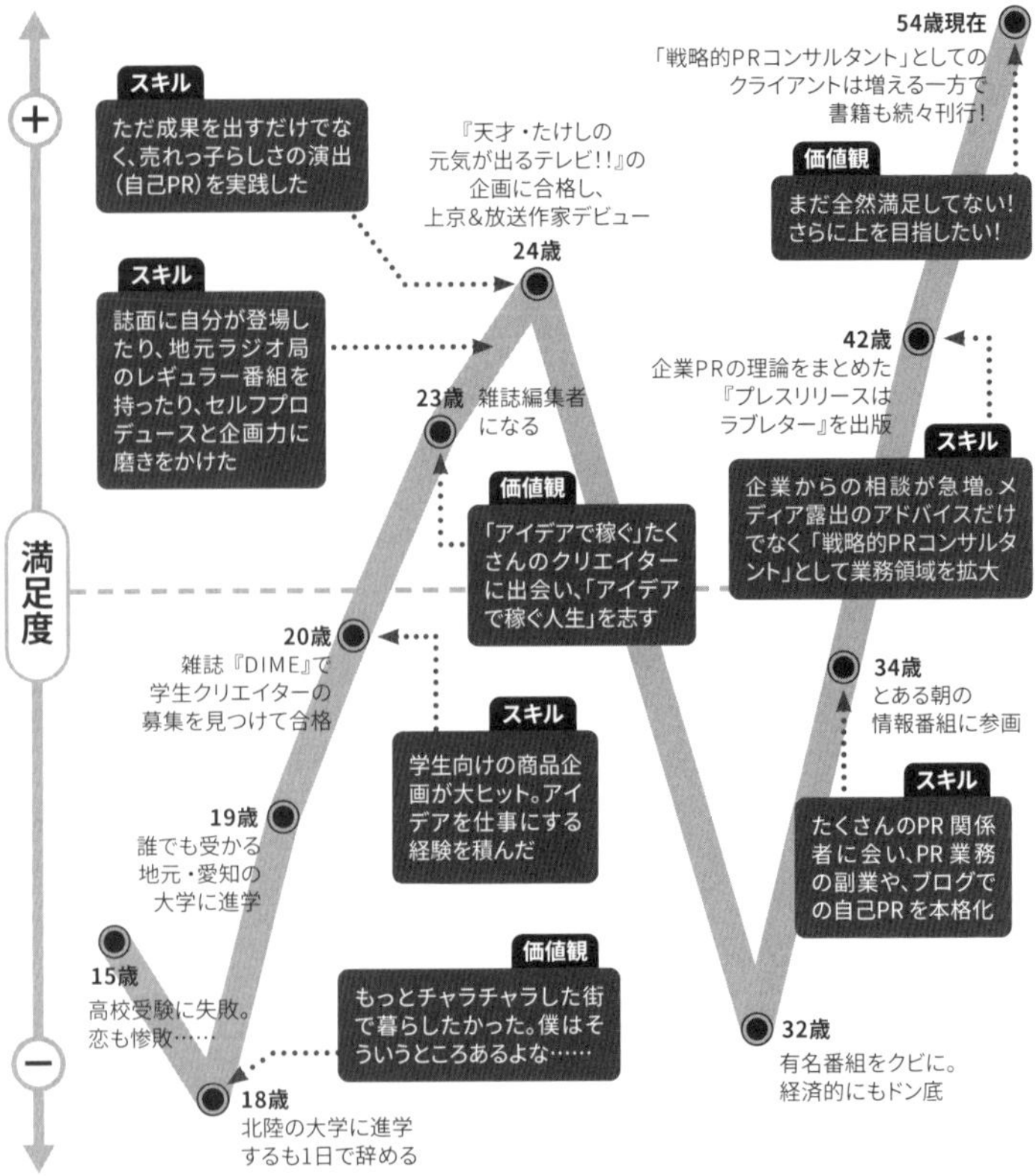
満足度
＋
－
15歳
高校受験に失敗。恋も惨敗……
18歳
北陸の大学に進学するも1日で辞める
価値観
もっとチャラチャラした街で暮らしたかった。僕はそういうところあるよな……
19歳
誰でも受かる地元・愛知の大学に進学
20歳
雑誌『DIME』で学生クリエイターの募集を見つけて合格
スキル
学生向けの商品企画が大ヒット。アイデアを仕事にする経験を積んだ
23歳
雑誌編集者になる
価値観
「アイデアで稼ぐ」たくさんのクリエイターに出会い、「アイデアで稼ぐ人生」を志す
スキル
誌面に自分が登場したり、地元ラジオ局のレギュラー番組を持ったり、セルフプロデュースと企画力に磨きをかけた
24歳
『天才・たけしの元気が出るテレビ!!』の企画に合格し、上京&放送作家デビュー
スキル
ただ成果を出すだけでなく、売れっ子らしさの演出（自己PR）を実践した
32歳
有名番組をクビに。経済的にもドン底
スキル
たくさんのPR関係者に会い、PR業務の副業や、ブログでの自己PRを本格化
34歳
とある朝の情報番組に参画
スキル
企業からの相談が急増。メディア露出のアドバイスだけでなく「戦略的PRコンサルタント」として業務領域を拡大
42歳
企業PRの理論をまとめた『プレスリリースはラブレター』を出版
価値観
まだ全然満足してない！さらに上を目指したい！
54歳現在
「戦略的PRコンサルタント」としてのクライアントは増える一方で書籍も続々刊行！

僕の場合、自分の価値やスキルや強みを自覚して、正直にキャリアを積んできたので、ライフラインチャートから新しい発見は特にありません。でも、みなさんの場合はどうでしょうか？

「本当はこうやって生きたかったんだよな」という価値観や

「そういえば、こんなことが得意だった！」というスキルや強みの再発見ができるはず。

その気持ちやスキルを掘り起こし、副業に活かしてみましょう。

このチャートは自分の「価値観」を探る自己分析の方法ですが、同時に自分の「強み」や「スキル」も見出すことができます。

過去を振り返るにあたり、転機や満足度だけでなく、当時、自分が携《たずさ》わった業務や学んだスキルなども書き添えてください。「この頃、ファシリテーションを学んで議事進行をすることが増えたな」「確かエクセル名人として社内報に載ったよな」「字がきれいってクライアントに褒められたっけ」など、現在の自分の「強み」や「スキル」に関する出来事や評価された経験を洗い出していくのです。

あなたにとっては「あたりまえ」のことでも、実は貴重なスキルということはたくさんあります。「字がきれい」なのは、その人にとってはあたりまえのことですが、字をきれいに書きたくて年間3万円の講座を受ける人だっているのです。

さらに、字がきれいで、それが営業職の仕事に役立った経験があるなら、発展させてノウハウを体系化し、「美しい字は顧客の信頼を勝ち取る！　美文字営業講座」を開けば、あなたの持つスキルと経験が年間20万円支払っても惜しくないものになる可能性を秘めています。

あなたの経験のなかに、眠っている宝は必ずあります。問題は、その価値に「気づけるかどうか」なのです。

そして、このチャート本来の目的である「価値観」も副業を考えるうえで大切なことです。

ライフラインチャートでは、単に転機を振り返るだけでなく、「なぜそれが転機だと思うのか」という、その理由に着目してください。それを機に満足度が上がる・下がる理由を明確にすることで、価値観や行動原理が見えてきます。

例えば、個人業績がよくて上司に評価されているのに満足度はそこまで高くなく平行線。それが、「新人研修で講師になって後輩からお手本にされる」経験でグッと満足度が上がるなら、その人は「自分の成功」よりも「誰かの役に立つ」ことに価値を感じるのかもしれません。

そうであれば、副業も「誰かに役立つこと」を念頭に考えていけば、モチベーション高く取り組める仕事が見つかります。

自分の価値観を洗い出すことで、副業の方向性の参考にしましょう。

副業の経験がもたらす本業への好影響

ブームというわけではありませんが、「二刀流」に注目が集まっています。真っ先に挙げられるのは、ロサンゼルス・エンゼルスの大谷翔平《おおたにしょうへい》選手。投手としても好成績を残しながら、打者としてはメジャートップクラスの本塁打数。アメリカでも、「彼は野球選手ではなくマーベルのスーパーヒーローだ！」と人間離れぶりに称賛の声が挙がっています。

僕の世代だと二刀流で印象深いのは、いまや政治家として活躍している橋本聖子《はしもとせいこ》さんでしょうか。彼女はスピードスケートの日本代表でありながら、自転車競技でも夏季オリンピックに出場し、日本ではじめて夏・冬両大会のオリンピアンとなった選手です。二刀流をはじめた後のアルベールビル冬季オリンピックで、念願のメダルを獲得しています。

アスリートの世界において、二刀流がどういう関係性を持ってパフォーマンスに貢献するのか僕にはうかがい知れないのですが、それぞれの競技の技術や考え方、身体の使い方を違った観点でとらえられるきっかけになりそうな気がします。

ビジネスの世界での二刀流、つまり「複業」にも、**多くのメリットがあります。もっともわかりやすいのは、見識や人脈が広がることです**。

僕の場合、放送作家の仕事でも人間関係は広がりますが、その主戦場はバラエティです。一方、広報PRコンサルタントの仕事では、バラエティ人脈では得難い企業の社長・役員など経済界の人たちとの出会いがあります。それにより、番組の会議で「それだったら僕、その企業の役員に連絡して許可をもらいますよ」と独自のルートで制作を円滑に進められたこともありました。

また、**仕事のモラル観も大きく変わりました**。正直なところ、テレビ業界というのは、いい意味でも悪い意味でもゆるい側面があります。撮影で企業を訪問する際、ディレクターはジャケットを着ていても制作スタッフは半ズボンということも珍しくないし、収録開始が昼だったり深夜だったりと労務管理も混沌としています。

そういう業界のなかにいながら、企業のタイムスケジュールや真っ当な流儀に触れることで、「ちゃんとしている」ってどういうことかを身につけることができました。それが〝傲慢《ごうまん》〟と非難されやすいテレビ業界にあって、外の企業に失礼のない対応ができるスキルとして評価されたり、雰囲気としての信頼感につながったりしたのだと思います。

みなさんの仕事では、どんな効果が期待できそうですか？　部署によって特定業界しか顧客にしないこともありますが、副業を通じて異なる業界の顧客を持てば、求められるニーズや業界事情が異なり、見える景色も変わります。

そもそも、会社の仕事では社外の人と関わらない場合もありますよね。そうであれば、副業によって様々な人と仕事を通じて知り合えることや、自分の仕事でよろこんでくれる顔を見られることが、仕事を続けるモチベーションになると思います。

人事担当者への調査

兼業・副業の人事制度の効果／期待

■兼業・副業を認める人事制度が「ある」と回答した人（n=396）の兼業・副業の人事制度の効果と、兼業・副業を認める人事制度の導入を「検討中」と回答した人（n=332）の兼業・副業の人事制度への期待（複数回答）

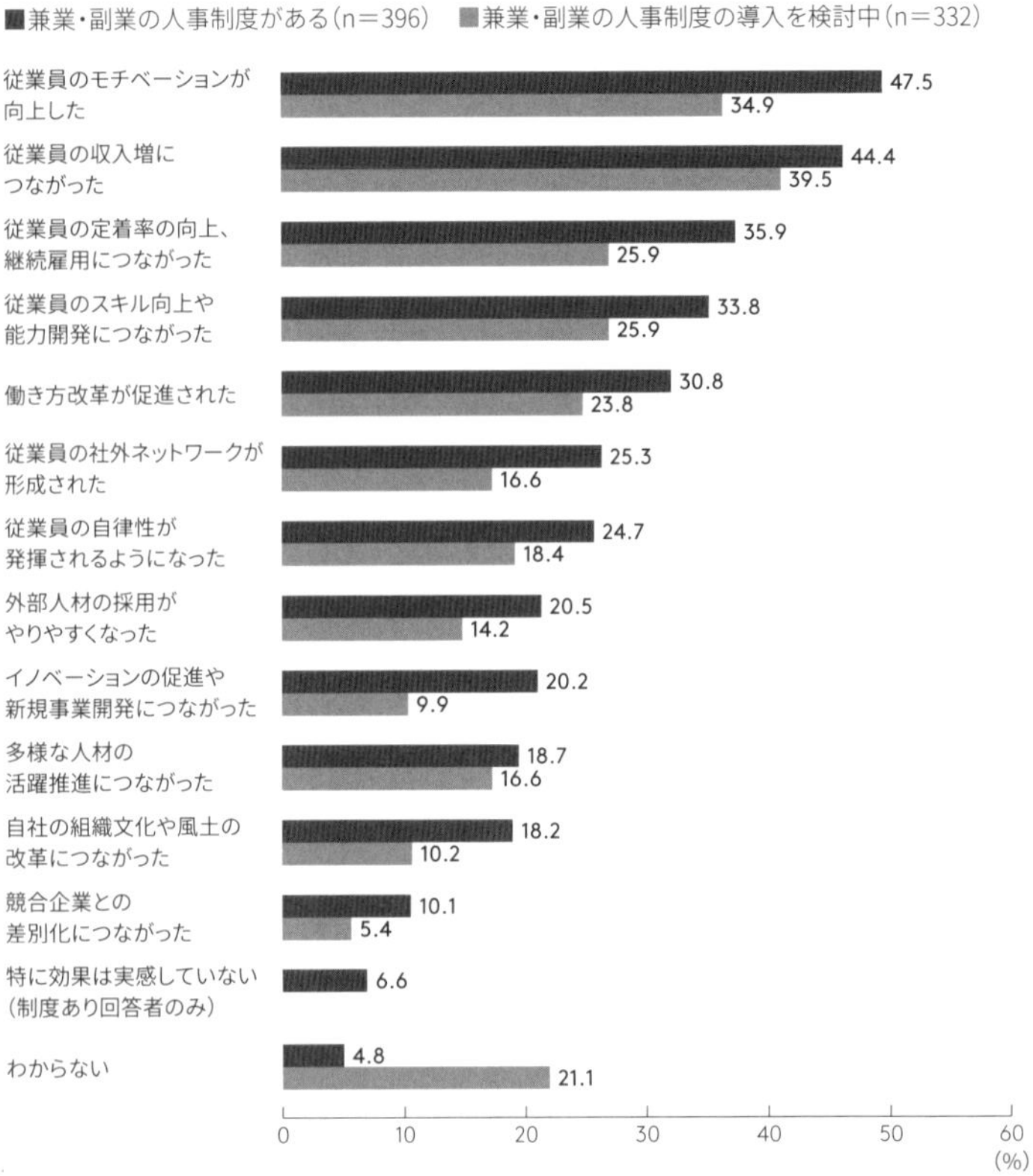

※兼業・副業を認める人事制度が「ある」と回答した人の選択率が高い項目順に掲載

※出典：リクルート「兼業・副業に関する動向調査データ集2020」

右の図は、副業に対して積極的な企業に対し、「副業の効果」を調査したデータです（リクルート調査）。企業の人事担当者による客観的な視点で見ても、本業のモチベーションやスキル向上の効果を感じたり、期待したりしていることがわかります。

また、副業で人脈が広がると「リファラル採用」という知り合いづての転職の誘いを受けることもあります。企業からすれば、一般公募で実力の見えない人を採用するより、社員のツテで信頼できる人を採用したほうが採用効率は高いため、いま多くの企業が行っています。

実際に転職までしなかったとしても、副業を通じて自分の実力を知ってくれる社外の人が増えれば、本業をより有利にするきっかけも増えるというわけです。

「事業所得」は税制的にも有利になる

もうひとつ、副業のメリットを紹介しましょう。それは、**会社員をしながら副業で個人事業主になると、税制上有利になる**ということです。

なお、「個人事業をしている」＝「個人事業主」ではありません。個人事業主は税務署に開業届を出すことで個人事業主となります。開業せずに得た収益は「雑所得」であり、まるごと課税対象になります。でも、開業して個人事業主になれば、収益は「事業所得」となり、必要経費を差し引いた収益のみが課税対象となります。

早い話が、個人事業主になれば、副業のために買ったパソコンの費用20万円は経費として申告し、控除を受けることができます。また、文具や書籍などの購入費、交通費、自宅を仕事場にしているのなら家賃や光熱費の一部も控除の対象となります。ただし、「副業のためにかかった経費」に限定される点は注意してください。

また、個人事業主としての確定申告の形式で「青色申告」を選択すれば、最大65万円の特別控除を受けることができます。つまり、副業で年間300万円の事業所得を得て経費が50万円だった場合、課税対象額は250万円です。しかし、青色申告特別控除により、実際の課税対象額は185万円になります。税率がざっくり20%だとしたら、徴収される税額は50万円から37万円に下がるというわけです。

会社員であり個人事業主でもある場合、給与には給与所得控除が適用され、副業の所得には青色申告特別控除が適用されます。本来、会社員も個人事業主も、そのどちらかしか受けられないのですから、両方の控除を受けられることは税制上、かなり優遇されているといっていいでしょう。

いまひとつピンとこない人も多いかもしれません。とりあえず、**副業である程度の稼ぎを得られるなら、開業して「個人事業主」になり、青色申告をすれば税制的に有利**だということをまずは覚えておいてください。

心のなかで「会社員を辞める」

それでも副業をすることに迷いがあったり、あるいは本業が忙しくて落ち着いて考えられなかったりするようであれば、**頭のなかだけで一度「会社員を辞めてみる」**といいと思います。まず、マインドを変えるきっかけを自分に与えるのです。

僕が放送作家としての大成を目指しながら、さも当然のように副業をはじめられたのには、学生時代に株式投資をした経験が影響しています。「成長する」と見込んでいた銘柄に当時持っていたお金をつぎ込んで、期待どおりに銘柄の価値が上がり、売却益を得ることができました。

その体験から、「社会は資本家（投資家）のためにできている」ことを実感しました。その企業を汗水流して成長させたのは、ほかでもない、その企業の経営者や社員たちです。それなのに、資本を投下しただけの僕が収益を得ているのですから。

「就職して働き続けることを目標にしたら、資本家（投資家）に還元するばかりの人生だ」

そう思ったら、企業に一生を捧げる気にはなれませんでした。就職しても、それは労働と成果を提供し、自分の成長や対価を得るために過ぎない。ならば早く独立し、自分の仕事が資本家（投資家）ではなく、100％自分に返ってくる働き方をしないといけないと痛感したのです。

結果として、出版社で働いたのち、チャンスを得てフリーランスに転身し、すべて自分に還元される働き方を楽しんでいました。さらに、「自分の力を活かしてもっと稼げるチャンス」があったから、素直に副業をはじめたのです。

みなさんにぜひおすすめしたいのは、「会社に所属する」という発想をまず捨てることです。そのうえで、**これまで培ったスキルを活かしてどんな仕事ができるか想像してほしい**のです。

それは、単なる「妄想」でも構いません。妄想はすべてが都合のいいぶん、バカにできないモチベーションを生み出します。それでも妄想しにくければ、「宝くじで1億円当たっちゃったから速攻で会社を辞めよう。その先、なにを仕事にしたら楽しいかな?」でも構いません。

その次に、インターネットを活用して自分と同じスキルを持つ人がどんな商売をしているのかを調べたり、どんなメディアを活用できるのか仕組みを調べたりしてみましょう。いわば、副業前のリサーチをするのです。

イメージがより具体的になればなるほど、モチベーションも高まっていきます。「わたしもこんなことしたら、人に感謝されるのかな」とか、「同業者と語り合う機会があったら楽しそうだな」とか、「めちゃめちゃ儲かったらどうしよう！」というように、妄想を膨らませましょう。

いまの会社だけでは張り合いがなかった「自分の仕事」の可能性に、新しい価値とよろこびを感じ、ワクワクすることが大切です。

そして、まずは〝お試し〟で副業をはじめてみるのもいいと思います。会社が副業を禁止しているのなら、収益が上がらなければいいだけの話です。あるいは、「ちょっと稼げちゃった」くらいであれば問題ありません。会社員は副業での所得が年間20万円以下の場合、確定申告の必要はないからです。ただし、住民税の申告だけは役所で行う必要があります。

知り合いづてに有料・無料でサービスを提供してみたり、専門家としてのブログやSNSをはじめてみたり、自分のイメージする働き方をしている人のオンラインサロンに入って一緒に活動してみるなど、実際に行動を起こしてみましょう。

あまり心配しなくても、どこの誰ともわからない人にいきなり大きな仕事や依頼が来るほど副業は簡単ではありません。CHAPTER03から説明する「自己PR」をしてはじめて、仕事を依頼されるような期待や信頼が手に入るのです。

本格的にはじめるとなれば、甘いことは抜きにして全力で取り組まなければなりません。その前に自分の名前を貶《おとし》めない程度に予行練習をするのは、リサーチの一環としてありだと思います。

60代でも「俺のフライドチキン食べてくれ!」

ここまで、みなさんが「いま、副業をやるべき理由」について僕の考えを伝えました。ただ、こういう話をすると、50代以上の人たちは「自分には関係のない話だ」と思っているかもしれません。

副業は脂の乗っている30代~40代がやるものだと思い込んでいて、ヘラヘラしながら「僕もあと10年若かったらなあ」なんていっている。

いやいや、**「もっとも副業が必要で尻に火がついているのは50代以上」**です。先に述べたように、企業が最優先でリストラしたがっているのは50代なのですから。

まだどこかで、「自分は平穏に定年を迎えられる」と思っていて、なんだかんだでこのまま「60歳で定年」「65歳まで嘱託で働き」「年金受給」になると考えているとしたら、申し訳ないのですが、その危機感のなさこそが「企業が50代以上をクビにしたい」理由です。

つきあっている彼氏や彼女の発するSOSや危険信号に気がつけなくて、破局してしまった経験はありますか？　同じように、「終身雇用は無理だけど堂々とは言い出し難い」立場にある企業の発するサインに注意を払わないと、「なぜ自分がリストラに？」とか「こんなはずではなかった」と悔いることになります。だからこそ、自分で生き残れる準備をはじめてください。

いま60代以上で嘱託などをされている人も、副業に年齢はまったく関係ありません。アメリカのベンチャー起業主は40代〜50代が中心で、60代の人も多いそうです。また、日本でも新規開業者の約25％は50代以上です。これは日本政策金融公庫のデータなので、融資を受けて新たな事業に乗り出す人たちということです。

ベンチャー1本で借金を背負って生きるリスクに比べたら、副業なんてほぼノーリスクです。それを、「もう歳だから……」といっていては、この先なにも実現できないでしょう。

僕らがよく街で見かける〝ある有名人〟も60代から世界的フランチャイズチェーンを立ち上げたことで知られています。ケンタッキーフライドチキンの創業者、カーネル・サンダースです。

彼は30代後半からガソリンスタンド兼カフェを運営し、カフェで販売していたオリジナルのフライドチキンの人気もあって繁盛していたようです。しかし、65歳のときに近くに高速道路ができたことで車の流れが変わってしまい廃業。

そこで、自分の運転で車中泊しながら全米中のレストランをまわり、フライドチキンのレシピを教える代わりに販売数量に応じたマージンを取るフランチャイズビジネスを持ちかけたのです。苦戦しながらも確かな味で契約を勝ち取り、73歳のときには600店舗を超えるフランチャイズ網を展開したといわれています。

恐ろしいほどのバイタリティだと思います。でも、カーネルおじさんほどではなくても、いまの60代は病気さえしていなければ、たいてい身体は元気です。

また、**頑張る気力が衰えるのは加齢が原因ではありません。「頑張って働く」習慣を途絶えさせたから**です。気力が湧かないのなら、自分を少しずつ働かせて成功体験を積み直し、「頑張って働く」日々をあたりまえに感じるように戻せばいいのです。

僕はいま54歳ですが、趣味のゴルフでシニアプロに挑戦しようとしています。すぐ冗談をいう性格なので笑い話と思われがちなのですが、長期計画でスコア目標を立てて、着実に達成しています。そうやって自分の成長を確認しながら進めることで成功体験を積み重ねていくと、モチベーションはますます高まるばかりです。

みなさんも、「定年は早くて70歳だ」。ひとまずそう考えて、この先あらゆる「想定外」が起こっても稼ぎ続けられる方法を真剣に考えてみてください。

しっかり稼げる副業の見つけ方

CHAPTER

02

基本原則は「自分のスキルを活かして稼ぐ」

CHAPTER02では、あなたにとって最適で、稼げる副業のあり方について考えてみましょう。とはいえ、CHAPTER01でもすでに触れていることなので、僕の結論は明確です。

「副業は、本業で磨いた専門スキルを活かした個人事業をする」

これが、もっとも稼ぎやすく成功しやすい最適解です。

「副業の見つけ方」というと特別なことのようですが、要は「仕事探し」です。同じ仕事探しでも、例えば転職活動ならなにを基準に転職先を探すでしょうか?

転職サイトを見ながら、

①まず「自分の経験職種でできそうな仕事」を探す

②仕事内容をチェックする

③待遇や給与をチェックする

そうして、いくつか候補を立てて、より具体的に検討していくのではないでしょうか。つまり、**基本は「自分のやれることで、より条件のいい仕事」を探す**わけです。

副業も同じ考え方だと思います。スキルの面でも割ける時間の面でも、いま自分にできることでより高い稼ぎを得られる方法を考えていくのです。その点では、これまでの本業で磨いてきた専門スキルなら、もっとも自信を持って価値を提供できるはずです。

そうはいっても、本業で会社員をやっているのなら収入の基盤はあるので、まったく新しい仕事にチャレンジしやすいことも事実です。また、専門スキルを活かした新しい働き方を見つけ出すこともできるはずです。

自分にとっていい副業のあり方を見つけるために、いろいろな稼ぎ方を知り、副業に対する考え方を深めていきましょう。

副業で「会社員感覚」の値付けはNG

商品に対する「対価」、いわゆる値段には本来、決まりなんてありません。

「おいしい水」を飲むために、多くの方はコンビニやスーパー価格の100円か150円しか出したくないと思いますが、高級ホテルのレストランでは1000円で提供されます。

同じように、労働の対価にも決まりはないのです。**相手が「それだけの価値がある」と認めれば、1時間の労働で何万円もらってもいい**のです。


これから副業をはじめる人は、まず**被雇用者として染み付いてしまった対価の固定観念を取り払いましょう**。僕たちは長年にわたって、アルバイトでは「時給1000円なら妥当」とか、会社員では「30歳で年収600万円ならいいほう」とか、世の中の平均値と比較して自分の評価額を見てきたはずです。

だから副業でも、「1日働いて1万円ももらえたら御の字」と、会社員と同じレートで自分の価値を決めつけてしまうのです。しかも、だいたいは安い値付けをします。副業を考えるにあたり、その感覚は捨てましょう。

例えばあなたが、ある有名ジムのフィットネス講座を受けるとして、それが1時間5000円なら妥当な金額ですよね。教室には10人の参加者がいるので、指導するインストラクターは1時間で5万円を稼いで会社に貢献したことになります。でも、インストラクター自身は社員のため、その1時間の労働で5000円ぐらいしか受け取れないはずです。

では、あなたが個人事業としてインストラクターをやっていたらどうでしょうか？　あなたの指導にはメジャーなジムに匹敵するクオリティがあるので、1時間5000円で募集しても10人の参加者が集まりました。

スタジオのレンタル代を差し引いても、あなたは1時間で4万円を稼ぐことができます。時給4万円です。それをわざわざ、「わたしは1時間働いただけだから！」といって、5000円にする必要はないですよね？

社員だったら5000円しかもらえないことが、個人事業の副業なら適正な対価で4万円にも10万円にもなるし、それが当然の世界なのです。この**事業のオーナーはあなたであり、会社のサポートを受けずにあなた自身が掘り起こした仕事**だからです。

僕も広報PRコンサルタントの仕事では、広報の業務にとどまらず、経営者に直接呼ばれて事業の相談を受けることがあります。彼ら彼女らは、業界外の人間から見た客観的な意見を第三者に聞きたいのです。僕は企画書もつくらず、1時間の会話のなかで話を聞いてアイデアを出しただけでかなりの額をもらうことがあります。

ただし、確実に役立つアイデアを提供する自信がありますし、僕のアイデアが採用されていま世の中に出ている商品やサービスはたくさんあります。つまり、それだけの金額に見合う価値があると思うから、経営者に対しても臆せずにアドバイスを送るのです。

そうはいっても、確かに無形のものほど値付けは難しく、僕も10年以上やっていますが最適な値付けができないことも多いのが実情です。先の事業相談でも、ある経営者に報酬を聞かれたので「……では、10万円で」と答えたら、「野呂くんは欲がないねえ」と笑ってたしなめられました。これはいい意味ではなく、「価値がわかっていない」というお叱りです。

あるべき価値より安いことが、相手側からよろこばれるとは限りません。値付けが安いことで、「たいしたことないもの」という先入観が生まれ、本来の価値より満足度が下がることだってあります。

あなた自身の謙遜《けんそん》や思い込みで価格を決めず、同じようなサービスを提供している人の価格をしっかり調べ、できれば実際に体験して比較してみるなどリサーチは入念に行いましょう。客観的な視点で「質（労力や時間、ノウハウの価値）」と「価格」をコントロールして打ち出せるようになれば、さらに商売は軌道に乗っていきます。

アルバイトは「時給だけ」なら「時間の無駄」

副業選びにおいて、多くの人が選ぶのが「アルバイト」です。すぐにはじめられるし、働き方もマニュアル化されていて、あまり悩むことなくはじめられるのはメリットかもしれません。

ただし、先ほどお伝えしたように、副業はあなたが持つスキルや知識を会社の外で活かすことで、被雇用者では得られない収益を得ることができるチャンスです。それに比べると、**アルバイトで被雇用者としての働き方を選ぶのは、収益性の面では寂しくなります**。

ウーバーイーツなど、空いた時間でいますぐはじめられるギグワークなら、会社の終業後の2時間を利用するなどして小刻みに効率的に働くことができますが、時給換算では1000円～2000円がやっとです。休日もフルに使って、月10万円を目指すのが精一杯ではないでしょうか。

しかも、時給1000円では、満足な収益を得るためには多くの時間を費やす必要があります。次ページのグラフ（リクルート調査）でもわかるとおり、副業において懸念されることは「休む時間がなくなってしまい、本業のパフォーマンスにまで悪影響を与えること」です。実際に副業をはじめた人も、時間の余裕をつくり、持続的に稼ぐことが最大の課題になっています。アルバイトを副業にするのは、その課題にぶちあたりやすい選択であることは間違いありません。

僕の結論からいうと、**「アルバイトの副業は一時的、かつ、付加価値次第」だと思います。付加価値とはつまり、「時給以外の価値」があるということ**です。

例えば、ここ数年、若者にも人気になっているスナックであえてアルバイトをすることで、スナックの実態や働く人の気持ちを知って、それを細かくレポートして有料ブログで稼ぐというのなら、それは時給以上の情報価値があります。

あるいは、将来的に脱サラしてコンビニのオーナーになりたいからコンビニでアルバイトをしたり、本業がカーナビのメーカーだから本業でのユーザー理解を深めるためにタクシーの運転手をはじめたりするなど、本業のためのリサーチとして副業を行

兼業・副業を実施して難しさを感じたこと

（兼業・副業実施中＋経験あり／再開予定）

■［兼業・副業実施中の人］および［過去に兼業・副業の実施経験があり、
今後実施意向（再開予定）がある人］（複数回答 n=654）

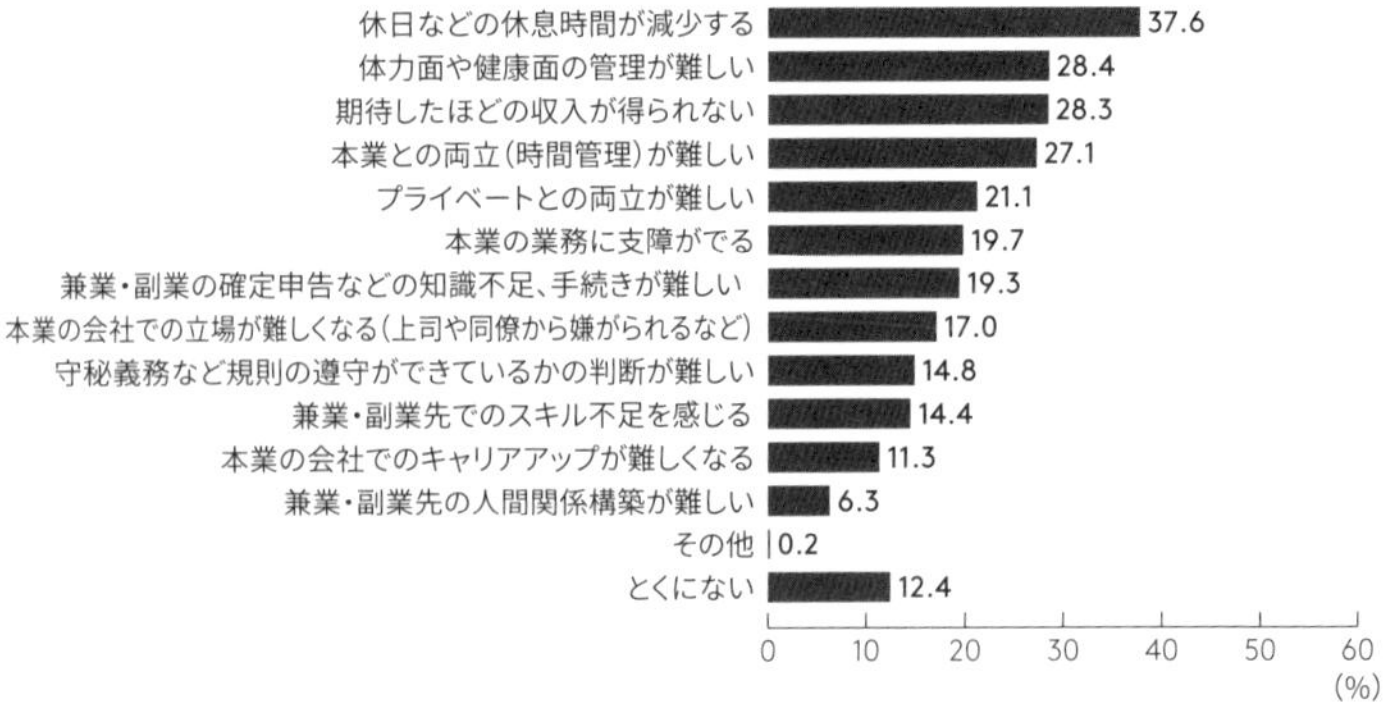

兼業・副業を実施するにあたっての不安

（経験なし／実施意向あり）

■過去に兼業・副業の実施経験がなく、
今後実施意向がある（やってみたい）人（複数回答 n=436）

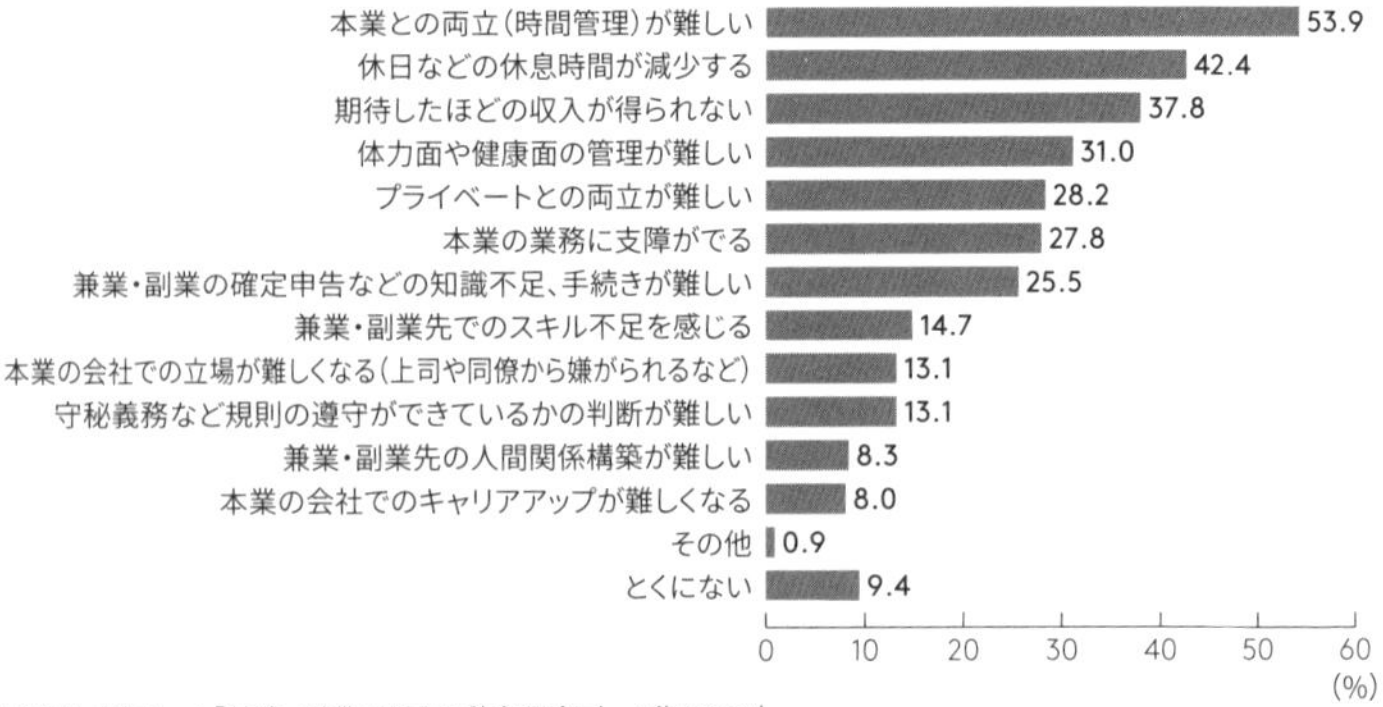

※出典：リクルート「兼業・副業に関する動向調査データ集2020」

うということも考えられます。

さらに、本業がまったく人と話さない仕事なので、本格的な副業をはじめる前にコミュニケーション能力のリハビリとして、接客販売のアルバイトをするという研修的な価値もあるかもしれません。

いずれにせよ、**将来の価値を生み出すためにアルバイトを経験する必要があるなら、それは時給以上の価値があるため有益**です。ただし、**体力的な限界がありますから、「一時的」なものとするべき**だと思います。

「株式投資」で副業に大切なマネーリテラシーを磨く

副業を「副収入を得る手段」と考えるなら、そもそも労働収入でなくても、**投資による不労収入でもいいはず**ですよね。

それについては、僕も賛成です。例えば株式投資なら、適切な見極めができれば働いているあいだに資産を増やしてくれます。いわゆる、「お金に働いてもらう」ということです。すでに十分な資産を持っているのなら、その運用だけで稼いでいくこともできるでしょう。

ただ、収入源は多いに越したことはありません。投資もまた収入源のひとつに過ぎませんから、それこそデイトレーディングに空き時間をすべて使いたいというわけでもなければ、やはり副業によって労働収入を高める努力をするべきでしょう。つまり、**投資もやりつつ副業もやるべき**ということです。

株式投資は見える世界を大きく広げてくれますから、副業にもいい効果を及ぼします。いままで新聞や経済誌などを読む機会がなかった人も、株式投資をはじめると経済が「自分ごと」になり、積極的に目をとおすようになります。就活中の学生が義務感で読むのと違って、自分の利害に絡むのでスルッと頭に入ってくるし、理解度も高くなります。

株の銘柄を買うときは、その企業のＷＥＢサイトでＩＲ情報を見ると思うのですが、ひとつの企業のビジネスモデルをトータルでチェックする機会は意外とないので、新たな発見が確実にあります。

例えば、東証一部にシナネンホールディングス株式会社という石油や電気などの老舗のエネルギー会社がありますが、実は新たなビジネスとして「ダイチャリ」というシェアサイクル事業（貸し自転車）を展開しています。「ダイチャリ」はかなりシェアを伸ばしていて、東京でもよく見かけるシェアサイクルブランドに成長しています。

ダイチャリの車体には、グループの親会社の名前までは記載されていませんから、会社案内や株主通信などでグループの事業全体を見る機会がなければ、エネルギー会社が親会社だなんて気づくことはないでしょう。

こうしたひとつの会社の情報から、「エネルギー業界はいまCO2削減、環境負荷低減の流れで需要が減っているから、新しいビジネスの創出がはじまっているんだな」と世の中の流れを知るきっかけが生まれます。

副業のアイデアを考えるうえで、世の中の動向を知ることは重要です。特に、「誰でも知っている」レベルではない情報はなお有益です。

シェアサイクル利用者が増えているのなら「シェアサイクル各社のレンタルスポッ

トがわかるアプリをつくったら需要があるな」とか、「大人に自転車の乗り方を教えるビジネスが成り立つかも」など、副業のアイデアにつながります。

投資をはじめるとそうしたビジネスマインドが磨かれますし、また、**いい意味で「セコくなれる」点もメリット**です。日々の生活を倹約し、浮いたお金を投資に回そうと考えるようになります。

実際に、投資家の多くは羽振りのいい生活を送れる資産を持っていても、意外と地味な暮らしをしています。話題のネタとして最新のガジェットを買ったり、ビジネスで信頼を得るための高級スーツを買うことはあっても、意外と私生活ではユニクロを着て燃費のいい国産車に乗っていたりします。

お金を稼ぐには、入ってくるお金を増やすと同時に、出て行くお金を減らすことも重要なのです。

逆に「なにに投資すべきか」にも敏感になれます。例えば、5万円ほど支払えばプロにWEBサイトの作成を依頼できるのに、「もったいないから」といって素人が1

カ月もかけて一から勉強して粗末なサイトをつくったとしたらどうでしょうか？達成感はありますし経験にもなりますが、今後その知識と経験をマネタイズできないのであれば、さっさとプロに頼んでその時間をビジネスにあてたほうが結果として経営効率はよかったことになります。

ビジネスにおいて「時間」は重要な経営資源ですから、自分にできないことはアウトソーシングしたほうがいいこともあります。そのとき、的確な判断ができるマインドを身につけるためにも、投資をはじめることはおすすめです。

「好きなこと」をビジネスにする方法

副業では、必ずしも「本業で磨いたスキル」だけでなく、**プライベートの趣味や好きなことをビジネスにする**ことができます。

例えば、高校まで部活で野球をやっていて、キッチリと基礎を詰め込まれているのであれば、初心者や子どもにとって講師とするには十分なレベルです。元プロだったり、甲子園に出場していたりする必要はないのです。

どちらかといえば、プレーヤーとしての実績よりも「教え方がうまい」とか「キャラがいい」とか「野球に関するおもしろいコンテンツを発信していて名が売れている」ほうが、指導を希望する人は集まるでしょう。

キャンプや釣りなどのアウトドアも、知識はＷＥＢでいくらでも調べられますが、実は情報量が膨大で、すべてを網羅しようとすると結構な時間がかかります。その点、実際にキャンプや釣りに詳しい人が同行して教えてくれたら、学ぶ時間を取らずに体験のなかで学べるのですからニーズがあると思います。

僕もよく利用するサービスなのですが、「ストリートアカデミー」（通称「ストアカ」）という学びのプラットフォームがあります。多くのプロ・アマ指導者が集まり、スポーツからフィットネス、武術、ビジネススキルなど、様々な有料レッスンの受講者を募集しています。こうしたサービスを利用することで、**あなたにできる範囲からレッスンを開催し、収益を得ることができます。**

また、「食べ歩き」などの趣味も、突き詰めればビジネスになり得ます。僕の知り合いで、精神科医・作家の樺沢紫苑《かばさわしおん》さんは、北海道の病院に勤務していた際、札幌市内のスープカレーを食べ歩くのが趣味でした。WEBで「札幌激辛カレー批評」というレビュー情報の発信をしていたのですが、それが高じて2004年に『北海道スープカレー読本』(亜璃西社)という著書を出版するに至りました。

樺沢さんは、そのことをきっかけにメディア発信の価値を感じたそうです。精神科医として現在では約20冊も著書を出していますし、ユーチューブで「精神科医・樺沢紫苑の樺チャンネル」を発信しています。

2004年当時の環境では、書籍化が実現するまでは「札幌激辛カレー批評」をマネタイズできなかったと思います。でもいまだったら、SNSでファンを獲得しながらnoteで有料記事を発信したり、アフィリエイトを備えたブログを書いたり、オンラインサロンでスープカレー通の有料コミュニティをつくるなど、マネタイズの方法がたくさんあります。

ユーチューバーのゲーム実況動画などもそうですが、「好き」をマネタイズするビジネスがエンターテインメントとして無数に提供されています。多くのジャンルがすでにレッドオーシャンだとは思いますが、未開拓のニッチな分野を見つければ、「好き」に基づくコンテンツは強い集客力を発揮できます。

「雑用」もニーズ次第で「代行」に変わる

さらに、仕事で培ったスキルや突き詰めた趣味でなくても、ただの〝作業〟でさえニーズがあれば副業としてのビジネスになります。

引っ越しだって、自分たちでやろうと思えばできますが、それが大変で嫌だから業者に依頼するのです。それほど労力の大きいものではなくても、**アイデア次第で様々な「作業」を「代行サービス」として展開することができます。**

例えば僕は学生時代に、アルバイト代わりにステレオの配線代行をやっていました。仕組みがわかっていれば簡単なのですが、はじめての人には不安ですし、雑な接続をすると音質にも悪影響を及ぼします。知人づてのクチコミや、近所にチラシを撒くだけで多くの依頼をもらえて、30分程度で5000円ももらえるのですから、学生としては破格の収益でした。

同じように、イケアなどで購入する重い家具の組み立ては女性や高齢者には困難ですから、男手は重宝されると思います。パソコンのセッティングやWi-Fiの設定も商売になるでしょう。

こうしたサービスは訪問型なので、移動距離が長いと生産性が悪くなります。「ジモティー」など地域を絞ってスキルや商品を提供できるWEBサービスを活用すれば、小遣い稼ぎにはちょうどいいと思います。

ただし、**雑用で本格的に稼ぐのは、ちょっと困難かもしれません。**雑用に過ぎない分、1件あたりを大きな金額にはできないからです。専業としてフルコミットすれば暮らしていくのには困りませんが、あくまで副業とするならアルバイト程度の収益でしょう。

ただ、**専門性の高い作業の代行サービスであれば、稼ぎは大きくなります**。家具の組み立てでは5000円程度ですが、「会社の社内LANを組んでほしい」とか、「孫の運動会のビデオを編集してほしい」という依頼であれば、10倍の5万円は期待できるはずです。

あなたの「専門スキル」をビジネスにする5つのステップ

「好きなこと」も副業になる、「雑用」も副業になる。

どんなことでも副業になりそうですが、**僕がもっともおすすめしたいのは、「あなたの持っている専門スキルを活かした仕事」**です。なぜなら、本業との相乗効果も高く、なによりみなさんが自信を持って取り組めるからです。

ここでいう**「専門スキル」は、必ずしも高度である必要はありません**。「経理部門に配属後、公認会計士の資格を取得。いまはMBAを狙っています！」とか、そんな

「突き抜けた実績・経験」に基づくスキルでなくてもいいのです。

これまで仕事をしてきた人なら、**誰だってなにかひとつは専門スキルを持っています**。「会社でエクセルを10年使っていました」。それで、十分です。社内でもっとエクセルの上手な人が何人いようが構いません。「まったく使ったことのない人」が相手なら、あなたと同じレベルに達するまでは教えることがたくさんあります。

それに、スキルが不足するなら意欲的に学んで知識を補えばいいのです。少なくとも、あなたは10年現場にいたのですから、新たに覚えたエクセルスキルが実務のどんなシーンで使えるかを想像し、経験してきたように伝えることができます。それは、実務経験のない学生がエクセルを覚えても真似できない、確かな専門性なのです。

問題は**そのスキルを「誰に」「どこで」「なにを」提供すれば価値のあるビジネスになるかを考え、仮説を立てる**ことです。

①誰に：必要とされるターゲットを探す

②どこで：ターゲットに届くメディアを選ぶ

③なにを：ターゲットが求めるコンテンツを考える

まずはこの3つを考え、自分のスキルがビジネスになる可能性を探しましょう。そして、副業ビジネスの仮説立てを行ったら、戦略的な行動をはじめる段階です。

④市場調査を行う

⑤自己PRによってビジネスを加速させる

市場調査はビジネスをはじめるための基本中の基本です。「それにしても、どうしてこんな場所に出店したのだろう？」と思ったコンビニがだいたい潰れてしまうように、客観的な視点で〝勝てる市場〟であることを入念に精査する必要があります。

そして、いざ実行段階では、ただ自己満足で「頑張る」だけでは永遠に顧客は増えないし、微妙な収益化しかできません。ターゲットの視点に立って「自分をどう見せるか」を考え、**自己PRをすることが副業の成否をわけるのです。**

「誰に」「どこで」「なにを」売るかを考える

まず、自分のスキルをビジネス化するための仮説を立てましょう。先述したように、ポイントは以下の3つです。

①誰に：必要とされるターゲットを探す
②どこで：ターゲットに届くメディアを選ぶ
③なにを：ターゲットが求めるコンテンツを考える

例えば、**IT企業で働いている人なら、自社ではあたりまえのITリテラシーが、高齢化した中小企業では喉から手が出るほどほしいスキル**に変わります。中小企業の課題解決に役立つITサービスがたくさんあることはわかっていても、基本的なITリテラシーが欠けている人には、サービスのWEBサイトを見ても読み解けないからです。

これはＩＴ業界の悪癖《あくへき》だと思うのですが、英語のビジネス用語を多用し、自分たちのＩＴリテラシーで商品説明をしているのです。これを翻訳して説明してくれる人がいるだけで、サービスの導入を検討することができます。

かといって、ＩＴ人材を雇用したり、コンサルタントを採用したりするのはコスト的にも重過ぎるので「アドバイザーとして気軽に相談に乗ってくれる人」に需要があるのです。

そこで、「現役ＩＴ系社員による企業経営者向けのＩＴ相談」というコンテンツを打ち出し、「初回1時間1万円でご相談に乗ります」とＳＮＳで広めましょう。「中立的で妥当な判断をしてくれる人だな」と思えば、月5万円で週1時間稼働のアドバイザーとして雇用する可能性は高いはずです。そんな「顧問先」を5件も見つければ、週5時間の労働で月25万円を手にすることができます。

①誰に：中小企業向けに

②どこで：SNSで
③なにを：1時間からの気軽なITコンサルティング

この3つの打ち出し方で、ビジネスの仮説を立てることができます。

同じように、あなたが「アパレルの接客販売のベテラン」なら、どこでそのスキルにニーズがあるか考えましょう。

ベテランだけど実績はふつうなら、小売企業に「現場の接客指導」を売り込むのは難しいかもしれません。そうであれば、企業よりも個人にアプローチしたほうがいい。

「アパレル業界に就職を考えている学生」
「これからアパレルのアルバイトをしたい人」

そういった人なら、ハイレベルでなくても店舗での接客販売の基本スキルを知っておきたいのではないでしょうか。

むしろ、業務のスキルよりも「アパレル店舗で人間関係をうまくやるには？」「どの程度おしゃれである必要がある？」「個人売り上げが足りないと商品を買わされるって本当？」など、アパレル業界の内情や、現場の人だからわかる情報に強いニーズがあると思います。

こうした情報をアパレル業界初心者向けにコンテンツ化して、ストアカなどでセミナーと実技指導を行ったり、ｎｏｔｅで有料記事として配信したり、あるいはオンラインコミュニティを組織してみんなで話し合う場をつくったりすることで、ビジネスが成立します。

あらためて、３つのポイントでまとめると、

①誰に：アパレル業界初心者向けに
②どこで：有料のＷＥＢサービスで
③なにを：アパレルでうまく立ち回る方法

アパレル販売のスキルを活かした、こんな稼ぎ方の説が立てられます。

自分の仕事のスキルが、いまの会社の仕事以外でどう活かせるかなんて、なかなか考える機会はなかったかもしれません。もし、まるで見当もつかないようであれば、次項から説明する「市場調査」を同時進行でやってみましょう。

自分と同じ職種の人が、ユーチューブでコンテンツを配信したり、書籍を出したり、ライターとして活躍していたりするはずです。あるいは、業界内の企業のＳＤＧｓ活動を調べてみると、子どもへの職業体験教室など、専門スキルを違ったかたちで社会に役立てている例も見られます。

「そういう活かし方もあるのか！」とサンプルを得て、少し頭を柔らかくして考えてみましょう。

「市場調査」のキモは〝稼げている層〟を見極めること

続いて「④市場調査を行う」ですが、市場調査といってもマーケティングの実務経験がなければなにを調べ、その情報をどう活かせばいいのかよくわからないと思います。

関連する統計データを取ってもスケールが大きい話になるばかりで、自分がこれからやろうと思うビジネスと紐づけるのも困難でしょう。

そこで、まずイメージを具体化するためにも、**競合がどの程度いて、どんなことをしているのか**を調べてみましょう。

僕が放送作家をはじめたときも、最初に競合調査を行いました。いまのようにWEBが充実した時代ではなかったので、先輩の放送作家に根掘り葉掘り聞き出しました。その当時、放送作家は約2000人いても、人並み以上に稼いで成功している人は上位150人くらいということでした。ですから、上位150人を目指し、全力で取り組んでも入り込めないようならスッパリ身を引こうと思ったのです。

市場を見極めるうえでも、その後の目標を定めるうえでも、**〝稼げている層〟を知り、そこを目指していくことが重要**です。

例えばあなたが、ストアカなどの講座配信プラットフォームで「営業職のビジネス講座」を開こうと思っているのなら、検索をかけて同じようなコンテンツを配信している人が何人いるか調べるのです。その結果50人いたのなら、「何位までが人気の講師か」を見極めましょう。

月間の講座数×参加者数×金額をおおよそで見積もった結果、

○上位10名は月間20万円以上を稼げている
○中位20名は10万円前後
○下位20名はほとんど稼げていない

そんなデータが取れたとしたら、市場はそこそこ活気があり、「上位10名」に入ることが副業を成功させるミッションだということが見えてきます。上位・中位・下位の人気の差が生まれる要因を調べ、なにを模倣《もほう》すべきか、自分ならどんな差別化ができるのかを考えてみましょう。

逆に、同じような講師はいるのに誰も稼げていないようだったら、それは「ニーズがない」のです。別の講座配信サービスを検討するか、そもそものビジネスの仮説を考え直すのがいいでしょう。

もちろん、その全員がお粗末な自己PRをしていて印象が悪く、あなたから見ても魅力を感じないコンテンツなら、「やり方次第で稼げるチャンス」という判断も可能です。

顧客となるターゲットの母数を調べる

市場調査では、「ターゲットの母数」と「今後の変動」を調べることも重要です。そういうと急にデータ調査っぽくなって面倒に感じるかもしれませんが、これは大事な要素です。

スポーツの例になってしまいますが、ゴルフのインストラクターは指導者資格の有無を問わなければ全国に数万人はいるといわれます。そのうえ、もっともゴルフをやっていた団塊世代が後期高齢者に差し掛かっていることで、国内の総ゴルファー数は減少の一途にあるといわれています。これでは新規参入しても市場が減少しているうえに競合が多過ぎて、あまり成功できそうなイメージが湧きません。

でも実は、2020年以降、コロナ禍の影響で20代～40代の若い層のゴルフ参入者は増えています。屋外の広いコースで楽しめるため3密の回避ができること、またリモートワークの浸透などによって時間の融通が利きやすくなり、ゴルフコースの料金が割安な平日に遊びやすくなったことなどが影響しているようです。

今後の展開は予測が難しいのですが、若年層のゴルファーが増えるようであれば、WEBによる気軽な指導や、年齢の近い友だち感覚で一緒にラウンドしてくれるコーチに大きな需要があるかもしれません。つまり、**時勢を読めばおのずと可能性やチャンスが見えてくる**ということです。

そのほか、野球は競技人口の多い超メジャースポーツですが、2010年代から少年野球の競技人口は低下に転じ、急激な減少に歯止めがかかっていません。

つまり、指導のターゲットとなる新規参入者（初心者）は減り続けている一方、かつては国内最大のメジャースポーツだったがために、指導者になり得る中級者以上の大人は大量に存在しているのです。

また、大人になってから初心者としてはじめる人は少ないので、基本的に初心者指導は子どもが対象になり、大人向けには中級者以上を対象としたレベルの高い指導が必要になるでしょう。

「野球なんてメジャーだし、たくさんやっている子がいるだろう！」と安易に考えず、将来的にさらに市場は縮小し、競争が激化する可能性を見越してコンテンツを考えていく必要があります。

ただし、「だから、やめておこう」ではなく、それもコンテンツの打ち出し方次第なのです。野球でいえば「野球をはじめたい子ども」は確かに減っていますが、「子どもに野球をはじめさせたいお父さん」はたくさんいます。

それなら、「もう一度、野球をうまくなって子どもに格好いい姿を見せよう！」とキャッチコピーを打って「お父さんのための野球講座」を開くのはどうでしょうか？

縮小市場とはいえ絶対的な母数の大きい野球において、ニッチで差別化の効いた指導コンテンツになると僕は思います。

身近な人たちからニーズを探ってみる

市場調査をしても、ターゲットはたくさんいるがニーズがあるのかわからない、あるいは、参考になる情報が見当たらない、ということもあるでしょう。特にニッチなビジネスを考えている人は、ターゲットの存在さえ予測困難です。

そうであれば、**まず身近な人からSNSでニーズを調査してみるのがいい**でしょう。ツイッターやフェイスブックなどで「Zoomでの印象を上げるメイクアップ講座をやろうと思うんだけど、参加したい人いるかな?」と聞いてみて、反響をうかがうのです。できれば実際にやってみて参加者の反応を確認しましょう。

直接、参加者の生の声を聞くことで、ニーズへの理解を深め、新しいコンテンツのアイデアも得ることができます。

「みんな意外とZoomでの顔映りの悪さに無頓着なんだな」と思えば、問題意識を掘り下げる段階から情報発信をはじめたほうがいいかもしれません。あるいは、講座のサムネイルで顔のビフォーアフターを出して、一発で危機感を煽《あお》るような仕掛けをするなど、工夫や改善をすべきポイントがわかります。

その仮説・検証の成果もＳＮＳで出してみて、また反応をうかがうことでＰＤＣＡを回すのです。そうすることで、本格的にアウトプットするときには、質の高いコンテンツを提供することができます。

また、副業で代行サービスやコンサルティングを考えているのなら、実際に友人・知人に無料でサービスを提供して、フェイスブックなどで「副業でこんな仕事をやってきました！」と投稿してしまいましょう。ニーズがあるのなら「わたしもやってもらえませんか？」「〇〇さん、そんなこともやれるの？　知り合いに頼みたい人がいるかも」と声がかかるはずです。

ＳＮＳは副業において、リサーチにも情報拡散にも使う機会の多いツールです。ツイッターはフォロワー数を増やし、フェイスブックは関係性をしっかり保っておけるようメンテナンスを欠かさないでおきましょう。

稼ぐためには「自己PR」が必要だ

あなたが考える副業ビジネスのアイデアは、

①必要とされるターゲットを探す（誰に）
②ターゲットに届くメディアを選ぶ（どこで）
③ターゲットが求めるコンテンツを考える（なにを）
④市場調査を行う

ここまでの4つのステップで、いよいよ実行段階に至りました。

これで確実に稼げるビジネスになるかというと、そんな簡単なことではありません。ドラマでいえば、やっと脚本があがってきたという段階に過ぎません。ここから、どんな俳優をキャスティングし、どんな演出・撮影・編集をするかで、ドラマは大ヒットにも放送事故にもなります。

なにより、「おもしろいドラマ」であることを宣伝しなければ視聴者に気がついてもらえません。

僕らの副業も同じです。**4つのステップで考えたビジネスを「愚直《ぐちょく》」にやってはいけません。**期待されるように演出し、広く知られるように宣伝していく5つめのステップが必要なのです。

⑤自己PRによってビジネスを加速させる

副業でもフリーランスでも、個人ビジネスの実行段階では、この**「自己PR」が成否を大きくわけます。**

みなさんの会社にも、とても優秀なのに態度や振る舞いが悪くて損している人がいると思います。あるいは恋愛において、誠実で優しいのに〝いい人〟止まりで実らない人もそうですが、それは「自己PR」ができていないのです。

僕のいう「自己ＰＲ」とは、面接で語る自己アピールではなく、セルフブランディングに近いものです。

ありのままの自分を剥《む》き出しにして生きていくのは楽ですが、それが他人にとっても魅力的な人など稀です。相手の視点に立って、「自分がどんな人間に映るか」を考えて言動や振る舞いをコントロールしていくこと、それがセルフブランディングです。

そうして自分のイメージをコントロールしながら、ＷＥＢを活用して自分の存在をより広く世の中に知らしめていくことを「自己ＰＲ」と呼んでいます。

これからみなさんが行う副業ビジネスでも、**自己ＰＲがお粗末では確実に成功できません**。どこの誰ともわからない、信頼できない人間にお金を払って仕事を依頼する人などいないからです。

言葉や写真、雰囲気など、使えるものを総動員して「信頼できそう」「期待してもいいかも」と思ってもらえる自己ＰＲを、ＣＨＡＰＴＥＲ03よりお伝えしていきます。

CHAPTER

03

自分の情報を発信するコツ【WEB活用PR】

僕はブログで「敏腕コンサルタント」になった

僕はいま、広報PRコンサルタントとして国内外の有名企業のプロジェクトに参加して仕事をしています。あくまでも裏方ですから積極的に社名こそ挙げませんが、ウィキペディアで「野呂エイシロウ」を調べてもらうと、過去の実績の一部が記載されています。

それをいって偉そうにしたいわけではなく、ここでお伝えしたいのは**「どうしてそんなにたくさんの仕事ができるようになったのか？」**ということです。僕のキャリアは一介の放送作家としてスタートしていて、ブランドのある外資系コンサル出身でも、大学の特任教授でもなんでもありません。秋元康《あきもとやすし》さんほどの知名度と社会的地位を築いた放送作家ならともかく、僕のようにいくつかのヒット番組を手がけたところで、それはあくまで放送作家としてのひとつの信頼に過ぎないのです。

つまり、**「業界外の企業が僕をコンサルとして信頼する理由」は、事業開始の段階**

ではまったくなかったわけです。それが、**多くの企業が向こうから相談を持ちかけてくる状態になったのは、戦略的な「自己PR」を行ったから**です。

僕が広報PRコンサルタントとして最初にやったサービスは、「テレビに企業の商品やサービスを取り上げてもらえる企画」を考えることでした。

化粧品会社の仕事なら、バラエティや情報番組のなかでタレントがメイクで様変わりするコーナーを考え、映像としてのおもしろさと宣伝効果の両立を図るといった感じです。いくら商品が露出したって、コーナーそのものに人を惹《ひ》きつけるおもしろさがなかったら視聴者の心には残らないし、企画が悪ければそもそも番組の会議をとおりません。「そんなつまらない企画なら、お金を払ってCM枠でやってくれ」となるのがオチです。

では、テレビ番組の考える「おもしろさ」とはなんなのか？　視聴者に役立つ情報であったり、トレンドだったり、宣伝くささを感じさせない展開であったり、番組や局のカラーに合った内容であったり、時間帯ごとのメイン視聴者層に響く内容であったり、実に様々なエッセンスがあります。また、おもしろいからといって「やってはいけない御法度《ごはっと》」もあります。
そうしたエッセンスを、僕はブログで発信し続けたのです。そのエッセンスは、テレビ番組をヒットさせるノウハウでもありますから、正しくは「テレビ番組をヒットさせるノウハウ」と一緒に、メディア広報のノウハウをブログで配信し続けました。

その狙いは、もちろん自己PRです。テレビ業界では僕の名前はそれなりに知られていましたが、業界外では無名です。放送作家の仕事だけならそれで十分ですが、広報PRコンサルタントで成功するには、業界外に名を売る必要がありました。
ですから業界外に向けて、野呂エイシロウという「放送作家」と「そのノウハウを活かしたメディア広報の担い手」を広くPRしたのです。

ブログの読者が増え、ほかのサイトでも紹介されるようになり、企業の広報担当者の目に留まるようになると、僕が営業をしなくても「相談に乗ってほしい」という依頼が舞い込むようになりました。商品やサービスがテレビに露出することの宣伝効果は大きく、企業全体の業績にも影響しますから、実績を挙げていれば経営者や事業部門トップの役員と会う機会も生まれます。
トップとのコミュニケーションを通じ、メディア広報だけでなく商品開発やブランディングのプロジェクトにも関与する仕事が増えていったのです。

新しいビジネスを経験したら、その経験をブログで広めていくことで「野呂さんっていう人は、そんな実績もあるのか」と広く知られ、さらに新しい領域のビジネスに挑戦する機会を得る好循環ができていきます。現在は**ブログからnoteに移行したほか、メルマガ、SNS、雑誌やWEBメディアの連載、書籍、講演、オンラインサロンなどいろいろな場所で実績とノウハウを発信し、僕の存在と仕事を広める努力を続けています。**

僕の仕事は、テレビという影響力の強いメディアが背景にあり、特殊といえば特殊かもしれません。ですが、僕自身の自己PRにおいては、テレビの影響力と権力に甘えた覚えはありません。**「自分の言葉ひとつ、表現ひとつが相手にどんな印象を抱かせるか」をつねに考えながら、継続的に発信し続けてきました。**

こともなげにいっていますが、**ブログでもなんでも情報発信を継続するのは、なかなか大変**です。ＣＨＡＰＴＥＲ03では、僕の経験から得た**「ＷＥＢによる自己ＰＲ」のエッセンスと、継続的に続けるためのノウハウ**を紹介します。

「ブログ」は自己ＰＲのホームグラウンド

なぜ、自己ＰＲの場が「ブログ」だったのか？　それは、僕が自己ＰＲを開始した２０００年代はブログが情報発信の主流だったからです。いまはブログではなく、ｎｏｔｅで発信を続けていますが、目的はブログと同じで、テキストと写真で一定量の情報を発信できるメディアとして活用しています。

それこそいまは、ＳＮＳをはじめとして情報発信や自己表現の場は多種多様にありますが、現在でも**「ブログ」は自己ＰＲのホームグラウンドとして、ちょうどいいメディア**です。

ここからは、**これからあなたの顧客になるかもしれないブログ読者を「見込み顧客」**と呼ぶことにしましょう。

ブログを使って次のような展開を継続的に続けることで、より多くの見込み顧客に深くあなたを理解してもらうことができるでしょう。

①自分のノウハウを体系的にまとめる

ブログは過去の記事を分類整理でき、アーカイブとしてさかのぼって見てもらうこともできるため、例えるなら1冊の書籍をつくるように、じっくりと自分の考えやノウハウを体系化してまとめることが可能です。写真や動画を自由に配置でき、長文でもわかりやすく読ませる工夫ができるのもメリットでしょう。

副業では、見込み顧客に自分がどういう人間で、どんな実績があり、どんなノウハウを持っているのかを理解してもらわなくてはなりませんから、ブログはそのデータベースとして機能します。

②ブログをベースとして各種メディアを展開する

見込み顧客があなたを知るきっかけは多いに越したことはありません。ツイッターでもユーチューブでも、クオリティを保ちながら定期的に配信するなど、管理できる範囲で自己PRの場を広げていきましょう。

ただし、あなたに興味を持った人が、あなたのことをもっと理解できる場所を用意しておくべきです。そのベースとして、ブログは役立ちます。様々なメディアからブログに誘導するURLを貼り、ネットワークを構築しましょう。

③検索エンジンを通じて「情報が必要な人」にブログを見つけてもらう

ブログは検索エンジンにかかりやすいメディアです。例えばあなたが、「エクセルの使い方」をテーマとしたブログを書き、そのなかで「エクセルで家計簿をつくる方法」という記事を書いたとします。

実は検索エンジンは、AIがあらゆるWEBサイトを自動的に読み込み、ページごとの情報のクオリティをつねに評価しています。よって、あなたの書いた「エクセル家計簿」の記事が「質がいい」と評価されると、誰かが「エクセル　家計簿」と検索したときの検索結果で上位に表示されやすくなります。

しっかりと記事ごとにテーマを打ち出し、問題解決につながる記事をブログにたくさん書くことで、様々な検索であなたのブログが表示されることが多くなるということです。

多くの人があなたのブログを目にする機会が増え、記事の最後に「エクセル指導いたします」と宣伝やリンクがあれば、見込み顧客も増えるでしょう。

以上が、ブログをベースとした自己ＰＲの基本的な流れです。**継続してブログの情報を充実させることで、副業の見込み顧客が増えていきます。**

なお、ブログではＷＥＢ広告を貼って広告収入で稼ぐ方法や、「アフィリエイト」という読者の購買意欲を煽り、紹介した商品を買ってもらってマージンを得るビジネスもあります。ブログを自己ＰＲの手段ではなく、マネタイズの手段として使うやり方です。

しかし、自己ＰＲとしてブログを書く場合には、こうしたシステムはうさんくささにしかならず、信頼を損ないかねないのであまりおすすめしません。

むしろ、ブログ自体をマネタイズの手段にするのなら、僕が使っているnoteがおすすめです。僕個人の名義のnoteでは自己PRを目的に無料公開の記事を書いていますが、それとは別に「野呂エイシロウPR研究所」名義で広報パーソン向けに情報価値の高い記事を有料配信しています。

ある程度、名前と実績が売れてくれれば、こうしたマネタイズの方法もありますが、まずは自己PRを目的としたブログ活動に精を出してください。

ブログもSNSも「読者のため」に書く

僕は自分でブログを書くだけでなく、情報収集のためにいろいろな専門家のブログを定期的にチェックしています。その際、このように思うことがあります。

「ランチの話はどうでもいいよ。あなたの食生活には興味ないのにな」

僕がアイドルのファンで、ブログを読む目的がそのアイドル自身を知ることなら、食生活でもなんでも知りたいと思うでしょう。そうではなく、**僕はその人の専門知識やノウハウを知って、自分の役に立てたいから読む**わけです。

例えばみなさんが、新型コロナウイルスの最新情報を知るために、ある医者のブログを購読しているとします。ブログ更新の通知があったから見てみると、「今日は○○さんとあの有名店でステーキを食べました」だったら、がっかりしますよね？

副業のための自己ＰＲでも同じです。**あなたが「エクセルの達人」として「エクセル活用法」をブログやフェイスブックで発信するのなら、そこについた読者はあなたの私生活ではなくエクセルに関する有益情報を求めているのです。**

あなたがブログを書くのは「自分が楽しむため」ではなく、「読む人のため」です。そのマインドだけは忘れてはいけません。

中途半端に需要のないグルメ情報を差し込むなら、いっそ「グルメに特化した」ブログやＳＮＳの別アカウントを立てて、そこでも読者を獲得して自分の副業アカウントに誘導するぐらいの真剣味としたたかさがほしいところです。

ブログのネタが切れてくると、こうした私生活の情報や専門性と関係のない情報を書いてしまいがちになります。でも、読者にとってメリットのないネタを書くくらいなら、更新頻度を落としたほうが無難だと思います。

むしろ、**私生活であったことをうまく専門分野に結びつけて発信する習慣を身につけましょう。記事のネタづくりもスムーズになり、記事のおもしろさも高めるいいアプローチになります。**

あなたが「エクセルの達人」としてブログを書いているとして、

「今日のランチはコンビニのお惣菜です」
「コンビニのお惣菜って栄養価や塩分量もしっかり記載されていていいですよね」
「そこで、エクセルで1日の塩分摂取目安量をキープするための管理簿を作成しました」
「ダウンロードできるようにしたので、みなさんもぜひ使ってみてください！」

そんな記事だったら、**食事や健康という多くの人が関心を持つテーマをフックにし**

つつ、**エクセルの有益な情報を提供することができます**。ただ単に「今回は健康管理簿のつくり方を教えます」というより、関心を引く記事になるのではないでしょうか。

逆に、**ツイッターなら私生活や雑多な情報を流すことにも意味があります**。ツイッターは情報が刹那的《せつなてき》ですから、雑多な情報も流し過ぎなければあなたの専門性を損ねることはありませんし、「共感」で人を結びつけるツールだからです。

地元のグルメ情報や好きなアーティストの話題など、自分の「好き」なことで新しいフォロワーが生まれれば、自分の副業のことも知ってもらうきっかけになります。多くの専門家が「ツイッターは好きにつぶやく場」と決めているのは、そういった理由からでしょう。

それに、ニーズのない情報を発信するとすぐにフォロワー数が減るので、軌道修正しやすい点でも雑多なことを書くならツイッターがいいでしょう。

ただし、**「読者のために書く」というマインドを変わらず持ち続けることが、フォロワーを増やすコツ**であることは変わりません。

テーマを絞ったほうが効果的でラクになる

ブログやSNS、ユーチューブでも、「継続的に発信し続ける」ことを考えると、**ついついテーマを広く取ってしまいがち**です。あるいは「せっかくやるなら、自分のいろいろなことを伝えたいな」という顕示欲や承認欲求も首をもたげます。

しかし、あまりに**テーマが広くなると「なにを主題にして発信していいかわからなくなる」**のです。長く続けているうちに、「これ、なにについて発信しているんだっけ……?」と自分が混乱してしまっては意味がありません。

いうまでもなく、自分でもわからないものは、読者はもっとわかりません。副業ビジネスを成功させるための自己PRなのに、「この人って、結局なにをしている人なの?」と思われたら、仕事が舞い込んでくる可能性は低くなります。

例えば2021年、「自宅フィットネス」の分野で200万人以上のチャンネル登録者を獲得した人気ユーチューバーがいます。彼女の成功は、テーマを絞ることの重要性を示す好例です。

以前は、配信テーマが「ニューヨークでのライフスタイル」と「フィットネス」の2本立てでした。視聴者にとっては、彼女の動画を見る目的が散漫になっていたといえます。それを「自宅フィットネス」1本に絞ったことで、「なにをしている人なのか」が明確になりました。そして、コロナ禍による自宅時間の増加、運動不足という世の中のニーズと合致して大注目されるようになったのです。

また、テーマを絞ったほうが自分のミッション（やるべきこと）をシンプルにすることができ、迷いが少なくなります。

僕は『広報会議』（宣伝会議）という広報・PR専門誌の購読者であり、業界人のひとりとしてたまに原稿も書いていますが、この雑誌を活用した有料コンテンツを広報パーソン向けに配信しています。

やることはシンプルです。「専門誌『広報会議』をとことん活用する方法」として、毎号『広報会議』を読み込み、ひとりの広報パーソンとして「僕なら今月号のこの記事をこう活かす！」という情報を発信しているのです。

例えば、トヨタ自動車の自社コンテンツ『トヨタイムズ』の特集記事があれば、そのコンテンツのエッセンスを僕の視点で分解し、「中小企業ならこんなコンテンツをつくることができる！」というアイデアを提供しています。

また、テレビ局のプロデューサーなどメディア業界のキーパーソンが誌面に登場していたら、「この人に『広報会議で拝見しました！』という口実で、こんなプレスリリースを送ろう！」と、行動することの大切さを伝えたりしています。

「ひとつの専門誌を精読・分解してアイデアを発信する」という、元ネタのあるシンプルなミッションですから、なにを書こうか迷うことはありません。もちろん、雑誌の著作権に抵触しないよう、表現には深く注意を払っています。このコンテンツだけで、僕は多いときで月間100万円近い収益を挙げています。

このようにテーマを見出すと考えれば、営業職なら営業の専門誌を、アパレル業ならファッション誌を読み解くだけで記事がつくれると思いませんか？

「エクセルのお役立ち情報」がテーマなら、さらに絞って「新卒3年目までに覚えたいエクセルの基礎」とか「生活に役立つエクセル活用法」など、ターゲットと用途を絞ったほうが自分にとっても書くべきことが明確になるし、読者にとっても「読む目的」がわかりやすくなります。同じように、「接客販売のトークを磨く！」をさらに絞って「接客販売でお客様と仲良くなる方法」にすれば、より書くべきことがはっきりするでしょう。

ただし、絞り過ぎてニッチになってはニーズがなくなるし、逆にネタ切れになりやすくなる可能性も否めません。読者のニーズと、先々の提供できるネタの持続性も踏まえて考えていきましょう。

ゴルフ初心者がドライバーでかっ飛ばすことはできない

僕がハマっているゴルフでよくあることですが、**初心者ほど「ドライバーでかっ飛ばそう」とします**。「ゴルフはドライバーありき」と思い込んでいるのですが、そんなルールは存在しません。はじめのティーショットから、扱いやすいアイアンで打って構わないのです。

むしろ、ドライバーなんて1日中打っても、毎日練習しても、まっすぐ飛ばすことは難しいのが現実です。とりあえずアイアンで地道に打てば楽しんで続けられるのに、ドライバーで心が折れて「やっぱりゴルフって難しいですね……」と挫折してしまうことがよくあるのです。

ゴルフを楽しみたいのではなく、「ゴルフをいきなりうまくこなす自分」になりたかったのでしょうか？　それは無理に決まっています。

まずは自分の実力を見極め、できることから楽しんでいけばいいのです。

これは、自己PRでも同じことがいえます。ブログでも、ユーチューブでも、いきなりすごいものをつくろうとして、思いどおりにできず心が折れてしまう人がいます。はっきりいいます、「最初から思いどおりのことはできません」。

ブログであれば、**初回の記事から自分の思いを込めて「いい記事」を書こうとしても、文章力の素養が磨かれていなければ、書きたいことを全然まとめられなくて当然です。**

頭のなかに伝えたいことのイメージがあっても、それを他人がわかるようにアウトプットする能力がまだないからです。

ユーチューブも同様です。人気のユーチューバーたちも、はじめの頃の動画を見ると、クオリティには現在と大きな差があります。企画はまるで洗練されていないし、しゃべりのテンポは悪いし、編集も中途半端です。機材やノウハウが不足していても、そのとき自分たちにできるクオリティで配信の経験を積み重ね、レベルアップすることで人気を獲得して現在があるのです。

「最初は思いどおりにできない」

その事実を自分によく理解させておきましょう。そうでないと、「やっぱり自分には難しい」「向いてないのかな」と余計なことを考えてしまい前に進めません。そうではなく、それはあたりまえのことなのです。

ツイッターであっても、自分では最高におもしろいネタや、興味深いはずの考察を述べても、リツイートはおろか「いいね」もまったくつかないというのは、よくある話です。

いつもツイートがおもしろくてバズっている人は、時間をかけて感性を磨き、みんなが求めている笑いや関心を理解し、世間の「おもしろい人」という共通認識を得ているのです。いつも興味深い考察をツイートする人は、それだけの思考力をたくわえ、連投してもストレスなく読ませるテクニックを磨いています。

時間と経験を積み重ねたから「いい情報提供」ができるのです。そしてもちろん、**あなたも時間と経験を積み重ねれば、いずれできるようになります。**

モチベーションを維持する秘訣

成長するためには、継続して「やり続ける」ことが必要です。ブログでの情報発信を上達させるのなら、やはり毎日のように書いて発信していくことです。

でも、文章を書くことが好きでなければ、続けることは簡単ではないでしょう。

そこで、**これまでブログやSNSの情報発信に親しんでこなかった人や、書くのが得意でない人は、3カ月を目安に目標を設定**して取り組んでみてください。

例えば、「週3回、1本あたり約500文字で1時間以内に書く」ことをルール化し、3カ月後には「30分で書けるようにする」と目標立てして、制作時間が短くなるよう努力するのです。

ブログやSNSの記事は、時間をかけようと思えばいくらでもかけられるから怖いのです。でも、ルールと目標を設定すれば集中して効率的に取り組めますし、変にこだわって時間をかけることを防げます。

目標はなんでも構いません。「週5本書けるようにする」「1000文字書けるようにする」でもいいでしょう。ただし、達成できる目標であることが大切です。「挑戦したらできた！」という成功体験を積むことで、自己効力感（自分にもできるという自信）とモチベーションにつながり、書くことが楽しくなるからです。

そのためには、3カ月をさらに月単位で区切り、小さな目標を設定するのもいいかもしれませんね。

僕は長年書き続けているので、1000文字前後のブログやフェイスブックの記事1本を書くために必要な時間は20分程度です。もっと短い500文字程度なら10分で終わらせるようにしています。すでに頭のなかで伝えたいことや構成はできていて、データや情報が間違っていないか数分でチェックし、一気に書いて終わりです。

短い時間で書くスキルが身につけば、仕事の休憩時間や移動時間でも書けるようになるでしょう。

もし、あなたが書くことに苦手意識がないのなら、「効果」を目標にしましょう。ブログならサービスによって読者数や「いいね」の機能がついていますし、「Googleアナリティクス」という分析サービスで来訪者数などを調べることができます。その数値をもとに1カ月ごと目標設定を行い、記事ごとの反響を確認してトライアル&エラーで改善していきましょう。

同様に、ツイッターやフェイスブックなら「いいね」やリツイート数、フォロワー獲得数、ユーチューブなら視聴回数やチャンネル登録者数で目標設定と改善を重ねていきます。

ただやみくもにやるだけでは、発信を続けていくのは難しいでしょう。**自分自身がメンターになり、自分に「成長を見せてあげる」ことでモチベーションが高まり、継続につながります。**「自分の成長」を実感しながら取り組んでいきましょう。

信頼を損なう「NG発信」

これは当然のことですが、**ブログでもSNSでも動画でも、自分の発信する情報には責任を持ちましょう。**

自己PRとして情報発信をするのですから、誤った情報やいいかげんな情報を発信することは、マイナスイメージにしかなりません。**いいかげんなことばかりいう人なんて信用できませんし、実際に仕事を任せたらいいかげんな対応をするに決まっているからです。**

意図的にインチキなことを書くのは論外ですが、あやふやな情報を間違って書かないよう、**しっかりと事実を調べてから書く責任感を身につけてください。**

以下のような行為は、あなたの信用を著しく損ないかねません。

①データを雑に扱う

行政や調査会社が公開するデータを扱う際は、きちんと出典元を明示するようにしましょう。単に、「厚生労働省によれば〜」とあやふやに書くのではなく、**「厚生労働省の『平成30年就労条件総合調査』によれば〜」などと、どのデータなのか明確にすると信頼度が高まります。**

②パクる

出版物やWEBメディアの記事、他人のブログにもすべて著作権が存在します。記事をまるまるコピペすることはもちろん、ちょっと書き方を変えて自分の記事として公開することも厳禁です。**内容やノウハウを参考にすることはあっても、自分の体験談や、自分の言葉で自分の考えを記す「一次情報」の発信を心がけてください。**

③あやふやな記憶や知識のまま書く

例えば『ザ！鉄腕！DASH!!』に放送作家として関わった僕が、「2005年ぐらいにスタートした企画『DASH村』は、詳しくは忘れましたが福島県の村を舞台に……」などと書いたら「大丈夫か？」と信用を失ってしまいます。「DASH村」の放送開始は2000年だし、所在地が「福島県双葉郡浪江町」であることはすでに有名な話です。

自分の専門領域の知識や記憶でも、あやふやになっていることはたくさんあります。そんなときは面倒くさがらずにきちんと調べましょう。専門領域なのに誤った情報を流すようでは、読者はあなたのことを信用してくれません。

④嘘を書く

「筆がのる」「口が滑る」というのは恐ろしいもので、調子がいいときほど「話を盛る」のレベルを超えて「嘘」を書いてしまうのが人間です。

僕は**嘘にならない限り、自分を最大限いいようにとらえて「話を盛る」のはありだ**と思っています。例えば、中学時代の成績が平均点をギリギリでも上回っているなら「中学時代の成績はそれなりによかった」と盛るのはありです。でも、「オール5だった」「トップクラスだった」は完全に嘘なのでなしです。

嘘を書くと、そんなときに限って……読者に執拗に調べられるものです。盛っただけでも非難する人はいますが、多くの人は「たいしたことではない」と感じ、問題にしません。しかし、嘘となれば話は別で、多くの人が無条件にあなたを信用しなくなります。

⑤機密情報を勝手に書く

副業の実績は、どんどんブログやSNSでも公開していくべきです。仕事の実績はなにより信頼の証となりますし、あなたがどんな企業や人にサービスを提供しているかがわかると、似た属性の企業や人が関心を持ってくれやすいからです。

ただし、**仕事を受けた社名や仕事の詳細を勝手に書くのはNGです。クライアントが許可しているならともかく、基本的に仕事の内容は機密情報であるから**です。

テニスレッスンなど、個人を対象としたレクチャーの仕事なら参加者のパーソナルな情報さえ出さなければ大丈夫ですし、「企業向け食育セミナー」などコンテンツの内容がフォーマット化されているものであれば、社名さえ出さなければ大丈夫でしょう。

しかし、コンサルティング業務など、クライアントの機密事項に触れやすい業務の場合は細心の注意が必要です。

このほか、差別発言は〝1発アウト〟ですし、「悪口は書かない」「第三者の顔や名前を許可なく出さない」「政治・宗教に口を出さない」など、気をつけるべきことを挙げればキリがありません。

社会常識として「やってはいけないこと」「口にしないほうがいいこと」は、ブログでもSNSなどの情報発信でも回避するべきということを理解しておきましょう。

「興味のない本」からアイデアは生まれる

ブログなどの情報発信を続けていくうえで障壁となるのは、主に時間やモチベーションに関係することです。こればかりは、記事・動画をつくる制作スキルや気持ちなどあなたの内面的な問題なので、先に述べたようにルール化と目標設定を行い、じっくりと自分を育てていくしかありません。

「書くネタがない……」というよくある悩みは、みなさんが思うほどたいしたことではありません。**アウトプットできないのは、単純にインプットが不足しているから**

です。早い話が、ネタ切れになったなら「たくさん本や雑誌、映画やインターネットを見ればいい」だけなのです。

たくさん情報を得て自分の脳に刺激を与えれば、なんらかの引っ掛かりが生まれて記事のネタを見つけられるはずです。

いまはたくさんのメディアがありますが、もっとも効率がいいのは、書籍・雑誌だと考えます。テレビドラマにすれば8話〜12話、10時間近くかかるストーリーも、原作本を読めば4〜5時間、早い人なら1〜2時間で読めるでしょう。

長年にわたり放送作家・コンサルタントとしてアイデアをひねり出す仕事をしてきた僕にとって、**本は読めば読むほどアイデアを生み出してくれる源泉のようなもの**だと痛感しています。年間100冊以上の本を仕事の合間に読んでいますが、まったく苦になりません。読書そのものが好きということもありますが、それ以上に、読書に仕事を助けられてきた実感があるからです。

しかし、ただ好きな本を読めばいいというわけではありません。ポイントは、**自分**

の興味のないジャンルの本や雑誌をたくさん読むことです。自分の好きなジャンルというのは、すでに自分のなかにある世界なので、価値観を揺るがすことも、目新しい発見もあまりないからです。

書店に行ったら店内をひととおり回り、10冊買うなら5冊は興味のないジャンルの書棚から本を選んでみましょう。

便利なサービスもあります。アマゾンの「キンドル・アンリミテッド」や、NTTドコモが提供する「dマガジン」を使えば月額制でチョイスされた本や雑誌が読み放題になります。

僕は、このサービスを使って実に雑多なジャンルの本や雑誌を読みます。女性誌も読みますし、先日はバレーボールの専門誌やバドミントンの専門誌も読んでみました。ずっと「ヨネックス」をゴルフクラブやテニス用品のブランドとして認知していたのですが、バドミントン雑誌を読んではじめて、ヨネックスがバドミントンラケットにこそ歴史の深いメーカーだと知ることができました。

いろいろ知っているつもりになっていても、**まだまだ未知の発見があるから興味外の読書は侮《あなど》れません。**そして、未知の情報に出会う刺激が頭のなかで化学反応を起こし、これまでにないアイデアや発見を生み出すのです。

「体験」がアイデアの質と量を高める

もし、あなたの部署に新卒の新入社員が入ってきて、しかも隣の席だったら、とりあえず「ランチでも行く?」「会社には慣れた?」とその新卒社員のことを気にかけますよね。新卒社員は社会人のタマゴのようなもの。あなたがメンター(指導役)を仰《おお》せつかったなら、たくさんの経験を積ませてあげようと思うはずです。懇意《こんい》にしているクライアントに紹介したり、自社の生産工場を見せてあげたり、贔屓《ひいき》にしている飲食店に連れていくこともあるでしょう。

それらは後輩にとって輝かしいはじめての体験で、大きな刺激を受けるはずです。

同じように、**これから新たに副業をはじめようとしているあなたは、それこそタマ**

ゴの状態にあります。でも、あなたには、あれこれ指導をしてくれるメンターや先輩は存在しません。ですから、自らの成長のためには、自分で自分を駆り立てて、これまでに体験しなかったことをたくさん経験して学び、世界を広げていく必要があります。

新しい知識を得るために副業やフリーランス向けの講演を聞きに行くなど、インプットをたくさんしましょう。

ただ単にブログのネタ元を探そう、というわけではありません。副業は個人事業なので、どんなビジネスをしようとあなたの自由なのだから、**あらゆる経験のなかからビジネスチャンスを発見して収入源を増やしていい**のです。

だから、あらゆる知識を得て、多方面にアンテナを張るのです。異業種の展示会、ライブ・演劇など見たことのないエンターテインメント、トレンドの中心地で遊ぶなど、あらゆる体験がビジネスの糧になります。

第一線で活躍する芸人や俳優、クリエイターは、忙しいなかでも時間を見つけて街に繰り出します。トレンドになっているものを、情報だけでなく実際に体験し、未知のものにどんどん触れようとします。僕の知り合いのミュージシャンは、時間があればわざと電車で知らない街に降りて、そこでごはんを食べるのを趣味にしているそうです。

わざわざ遠出しなくても、近場にだって「いままで知らなかったこと」がたくさんあり、あなたに刺激を与えてくれるでしょう。

ホリエモンこと堀江《ほりえ》貴文《たかふみ》さんも、〝初体験〟にアグレッシブですよね。彼のＳＮＳを追っていると、屋久島でテントサウナに入っていた翌々日には長野で田植えを体験しているなど、新しいことをどんどん体で感じています。

「百聞は一見に如かず」ということわざのとおり、**「自ら体験したこと」はメディアをとおすよりもずっと、見るものも感じることも情報量が多い**のです。それだけビジネスのアイデアにつながりやすいし、ブログに書きたいことが有り余って、アウトプットが間に合わないほどになるかもしれません。

ここまでの話を読んで、「そうか！　まずは行動だ！」と今日からすぐに動き出せるなら最高です。でも、なかなかいままでの意識を変えることは難しいものです。

そこでまずは、食事のルーティンを変えることを提案します。

ランチタイムにいつもの2倍歩いて知らない店に入ってみたり、思い切って単価5000円のお店のサービスを受けてみたり、これまでのルーティンを崩す習慣づくりや意識づけからはじめてみましょう。

意識というのは、今日からスパッと変わるということはありません。**運動習慣を身につけるのと同じように、意図的に自分を行動に追い立てて、それを「楽しい！」と感じるようになってはじめて習慣化でき、新しい意識として根づく**のです。

いつもと違う店を体験して、「こういうのもいいものだな」と感じることができれば、「次はあっちの店に行ってみよう」という欲が出てきます。そうして好奇心を育て、新しい体験に貪欲な自分をつくっていきましょう。

メモすることはアイデアに本気で向き合う行為

アイデアの湧き出る習慣・体質づくりをしても、そのとき感じたこと、思いついたことをただ頭のなかに置いておくだけでは、ほとんどのことを人間は忘れてしまいます。また、**忘れてしまうだけでなく、アイデアに対しての意識も低くなります。**

もっともっと、自分の思いつきに対してがっついていかないと、いま自分の思ったことがアイデアなのだとすら気づけなくなってしまいます。

会社の同僚が新しい企画を提案し社内で採用された際などに、「自分だって同じことを考えてたよ……」と負け惜しみの感情を持ったことがあるはずです。同じような仕事をしていたのに、同僚は問題意識をそのままにせず解決策を出し、評価を受けました。なぜそんなことが起こるのかといえば、それは**アイデアに対する感度の差です。**

アイデアがかたちになる、ならないは別として、体験や感情がアイデアの種であることに気がつく感度を大切にしてください。

そこで大切な習慣が「メモ」を取ることです。

僕は、自分の記憶力や情報整理力をまったく信用していません。いろいろな情報が膨大に舞い込んでくるため、思ったこと、感じたことをただ頭のなかに置いていたら、すべて忘れてしまうからです。

だから、**思いついたことはどんなに細かいことでもすぐにメモしています**。これは若い頃からの習慣で、ノートをネタ帳にして番組の企画やアイデアの種をたくさん書き込んでいました。そして会議の前日に1週間分のアイデアを読み返して、それらが、『天才・たけしの元気が出るテレビ!!』や『ザ!鉄腕!DASH!!』でみなさんもご覧になったかもしれない企画になっていきました。

いまは、スマートフォンのおかげでもっと便利になりました。僕のiPhoneのメモには、いま見たら2360個ものネタがありました。自動で僕のiPadやMacのメモ機能とも同期してくれるので、いつでも見返したり、追加で書き込んだりすることができます。

僕の場合、iPhoneやiPadで「GoodNotes」というメモアプリを活用し、思いついたことがあればすぐメモをします。仕事のアイデアやタスクだけでなく、気がついた自分の悪い癖や、趣味のゴルフの課題なども徹底的にメモします。対処したことや、やり遂げたことは赤で塗りつぶし、まだ残っている課題やアイデアは次のメモに転記して残し、絶対に放置しないようにしています。

アイデアやタスクだけでなく、自分自身を高める課題の管理にも使っていることから、これを僕は、「人生改革ノート」と名づけています。

トーマス・エジソンも、レオナルド・ダ・ヴィンチもメモ魔だったといわれています。彼らが生きていた時代から人間の頭は進化していなくても、メモの利便性ははるかに進歩しています。そんな発明を使わないのは、損でしかありません。

メモ魔の人たちは、それぞれ長年の経験で最適なメモの仕方を編み出しています。近年のベストセラーである、前田裕二《まえだゆうじ》さんの『メモの魔力 The Magic of Memos』（幻冬舎）では、ただ記録するだけでなく、アイデアを活かすメモの取り方が細かく紹介されていました。

前田さんに限らず、メモの重要性を説く有識者はたくさんいます。自分に合ったメモ習慣を手に入れるために、そういった書籍を読むことも、あなたのメモ力を上げる手助けになるはずです。

CHAPTER 04

ファンがいなければ一銭も稼げない【WEB活用PR】

自分の「ファン」をつくる覚悟を持つ

昭和の時代には、絶対的な「スター」がいました。野球なら長嶋茂雄《ながしましげお》、王貞治《おうさだはる》。プロレスなら力道山《りきどうざん》。アイドルなら山口百恵《やまぐちももえ》、俳優なら石原裕次郎《いしはらゆうじろう》、お笑いならビートたけしやドリフターズ。その時代の誰もが憧れるスターがいて、みんながその人の話題で盛りあがったものです。

テレビや雑誌が国民の余暇《よか》を独占していた頃は、「テレビや雑誌に出る人」がスターであり、あきらかに特別な人だったのです。

いまはインターネットによって、人々が夢中になるメディアは細分化されています。テレビや雑誌でなくても、芸能人でなくても、**あらゆる場所で誰もが〝誰かのスター〟になれる時代だし、「なろうとしていい時代」**です。

かつては、一般人が目立つことは非難や敵視との戦いでした。それは〝場所〟がなかったからです。ゴスロリやギャル、コスプレイヤー、ストリートミュージシャンなど、人々の生活圏である街中に立つことで「注目」というより「奇異の目」を向けられていたことは事実だと思います。

それでも、**自分の「好き」を信じて立ち続けた人たちが、「誰もが自分を表現し、特別な人間になっていい」文化と意識をつくった**のです。そしていま、インターネット上に数々の自己表現の場所ができ、花開いているのではないでしょうか。

出版社に漫画の持ち込みを繰り返し、商業誌でデビューしなくても、自分のSNSで漫画を配信してファンを獲得することができます。

地道にライブを重ね、音楽レーベルのディレクターにスカウトされるのを待たなくても、自分で歌をユーチューブやティックトック、ライブ配信ツールで公開し、自分の力だけで多くのファンを獲得するアーティストもたくさんいます。

ツイッターの世界にも、芸能人よりはるかにフォロワーを集めている一般人がたくさんいます。

それは別に、エンターテインメントやファッションに限ったことではありません。時代の感覚の変化を受け、**いまやテレビも一般人の「専門家」を取り上げる時代**です。

『サンドウィッチマン&芦田愛菜《あしだまな》の博士ちゃん』(テレビ朝日)という番組では、歴史や音楽、野菜など、毎週様々な分野で突出した知識を持つ一般の子どもたちが登場し、堂々とタレントやカメラの前で自分を表現しています。『激レアさんを連れてきた。』(テレビ朝日)や『マツコの知らない世界』(TBS)など、大学教授でもなんでもない愛好家や珍しい趣味を持つ人たちが登場する番組もたくさんあります。

そこに登場する人たちは、メディアが企画して育てたり発掘したりしたわけではありません。**インターネットなどを駆使《くし》して、自分の力で自己PRをし、多くの支持を得て、ファンを獲得した人たち**です。それをメディアは、ただ〝お招き〟しただけに過ぎません。

副業で大きく稼ぎを得るということは、たとえ裏方仕事であっても誰かに支持され、注目されるということです。つまり、**顧客とは「あなたのファン」**なのです。**副業で稼ぐためには、ファンをたくさんつくることが必要**です。ファンが、具体的なビジネスに紐づいて顧客となり、収益につながるのです。

副業で稼ごうとしているあなたは、「自分のファンをつくる」という行為を恥ずかしがっている場合ではありません。自己PRによって積極的に注目され、支持を集め、ファンを生み出すことに真剣に取り組むべきなのです。

あなたの表現する「人格」がファンを生む

ファンというのは、支持している人の専門性だけを見ているわけではありません。アーティストなら音楽だけでなく、ライブでのファンサービスやブログ・SNSで発する言葉、ドキュメンタリーやオフショットでの立ち居振る舞い、人づてのエピソードなど、あらゆる情報からそのアーティストの人格を見て、さらに惚れ込むこととなります。

会社勤めをしているみなさんにも同じことがいえます。会社の人事評価は直接の上司だけでなく、さらに上の上司、人事部などを交えて行われますが、具体的な実績だけで評価されることは稀でしょう。どうしても、実績だけでなく上司の印象が評価を左右します。

また、会社によっては「360度評価」と呼ばれる、評価対象者の上司・部下・他部署の同僚など複数人からの勤務態度や人格への評価を取り入れているところもあります。

人の仕事に対する評価において、実績と人格は分離していません。だから犯罪まではいかなくても、特にコンプライアンスが厳しい昨今では、人格を疑う行為が発覚すれば社会的信頼は失墜し、アーティストでも会社員でもクビや懲戒を余儀なくされます。

逆に、**人に好かれ、信頼され、安定した人格をつねに表現し続けることが、どんな仕事でもファンを生み出し、維持するためには大切**です。それはもちろん、みなさんがこれから本気で取り組む副業でも同じことなのです。

人格の安定とはどんなことでしょうか？　よく語られることですが、タレントのタモリさんは玄関から一歩出れば、移動中の車のなかであろうと、楽屋であろうと、つねにテレビで見る「タモリ」というキャラクターを崩さないといわれています。ヘアスタイルもファッションも、お茶の間が知る〝タモリ像〟がつねに保たれ、言動や感情にもブレがありません。

僕の知る限り、**ビジネスの世界でも一流の人間は地の性格がどうであれ、人に会う場では相手の立場の高低にかかわらず、言動や態度、振る舞い、身だしなみが「立場にふさわしいよう」に気を配っています。**

みなさんがWEBを通じて表現する姿も、間違いなくそうあるべきです。自分のイメージを「他人にとって心地いいもの」となるよう表現し、それを維持し続けるのです。

CHAPTER04では、その人格の表現例をみなさんにお伝えしていきます。ブログ・SNSを前提にしていますが、ユーチューブほか、あらゆるメディアでも考え方は変わりません。自分ならどんな表現をするべきか、ぜひ考えてみてください。

「信頼される人」のプロフィールの書き方

会社の仕事で、はじめて会うクライアント企業の担当者を紹介されたとき、まずどんな会話をしますか？

相手の会社を褒めますか？　さっそくビジネスの話に入るでしょうか？

おそらくそうではないでしょう。**まず、自己紹介をするのがマナー**であるはずです。自分がどういう人間かを簡単に伝えたうえで、相手に対する関心を示し話を弾ませていくのだと思います。

ＷＥＢを活用した副業を考えた場合、ブログなどは一方向からの自己紹介になるので、双方向のコミュニケーションは難しいかもしれません。しかし、自己紹介が大切である点はリアルの会話と変わりません。あなたのブログをはじめて見に来た人に、まず、自分がどういう人間であるかをプロフィールできちんと伝えましょう。

プロフィールを軽視し、しっかりと情報提供ができていないと、いくら記事にこだ

わっても信頼を得られません。

ですから、まずは次の4点を踏まえて、誠実な自己紹介をしましょう。

①リアルでおかしいことはプロフィールにも書かない

いくら信頼感が大切といっても、いきなり「わたしは東大法学部を卒業後……」と学歴自慢からはじまる自己紹介には、リアルでもちょっと違和感を覚えるはずです。**リアルの自己紹介でおかしいことは、ブログなどのプロフィールでもおかしい**のです。

また、はじめてあなたのブログを見る人は、あなたの印象やイメージはまっさらな状態です。よって、「どうも！　○○というあだ名で呼んでください！」なんて「気さくなおもしろキャラ」をPRされると、子どもならともかく大人は唐突過ぎて引いてしまいます。「学生か？　大丈夫か？」と不信を抱き、記事を読む前に去ってしまうかもしれません。

フラットな印象を与えたいのであれば、もう少しあなたが「気さくなおもしろキャラ」として認知され、マネタイズできるようになってからで十分だと思います。ある程度売れて実績さえあれば、あなたのキャラがどうであれ実際に世間に評価されているのですから、はじめて見る人も認めてくれます。

ですが、現時点では実績がないのですから、**最初に読まれるプロフィールは誠実にしておくことがベター**です。そうしてプロフィールで信頼感を担保したうえで、記事でキャラクターを発揮してください。

②氏名を掲載し、肩書きで専門分野を明確に

プロフィールでは、まず氏名を載せ、肩書きで自分が「なにものなのか」を明示することが大切です。それが読者にとって違和感がなく、理解しやすい自己紹介であるからです。

名前については、本名を名乗ることがもっとも相手に信頼感を与えます。作家やアーティストなどエンターテインメント系の仕事ならともかく、堅実なビジネスであればなおさら不用意にハンドルネームやニックネームを名乗ると、本当に実在する人間なのか怪しくなります。

肩書きは、「超初心者向けエクセル講師」「現役イタリア料理店シェフ」「ベテランのアパレル販売員」など、シンプルにわかりやすい肩書きがいいでしょう。

そのうえで、肩書きの信頼性を担保するために、関連する資格や経歴などを記載します。

③経歴は嘘なく、得意なことは大袈裟に

経歴は、あなたが肩書きに掲げた専門分野の信頼性を高めるためのものです。**勤務した社名や勤務年数を可能な限り詳細に出すことで実在性が高まり、積み重ねてきた実績もわかるので信頼を得ることができます。**

また経歴で、「26歳で営業全社ナンバーワンを獲得」などの実績を出す際は、嘘に注意しましょう。ただし、事実である範囲で話を盛るのはありです。例えば、「あの大ヒット商品を開発」は嘘でも、「あの大ヒット商品のプロジェクトに参加」ならアシスタントとしての参加でも嘘にはなりません。

また、話を盛って大袈裟にしたほうが伝わりやすいこともあります。イタリアンの

シェフなら、ただ「ペペロンチーノが得意です」と書くよりも、「一度食べたらやみつきになるペペロンチーノをご提供します！」といったほうが、魅力は高まり、伝わりやすくなります。

表現をいろいろと工夫し、迫力とわかりやすさを両立できるアピールを考えていきましょう。

④ 〝らしさ〟を引き立たせる写真を掲載する

新卒採用でも、「履歴書に貼る写真は写真スタジオで撮ってもらおう」というアドバイスはよく目にしますが、これは僕も賛成です。自撮り写真やスピード写真よりも、写真スタジオで撮ってもらう写真は、そこから読み取れる情報の質が確実に違ってきます。

自撮りやスピード写真では暗く平坦な顔映りになりがちで、明るくしても平坦さが高まるばかりです。やはり生き生きとしておらず、ネガティブな印象を与えてしまいます。一方、**照明機材を活かした写真スタジオで撮る写真なら、顔の血色がよく、立**

体感も明確で生き生きとした印象を与えます。また、撮影慣れしたフォトグラファーに撮影してもらうことで、ベストな表情を引き出してもらえる可能性が高まります。フォトグラファーの腕前や設備次第なので、評判のいいスタジオを探してみましょう。

また、**「その職種らしい格好」をすることで写真の情報量は増し、専門性への信頼感を高めてくれます**。医師なら白衣に聴診器、整体師ならスクラブ（医療用ユニフォーム）、自動車整備士ならツナギとレンチ、そしてビジネス系ならスーツがマストでしょうか。最近ではプロのフォトグラファーが出張してくれるサービスもあるので、撮影する場所と背景で演出することも可能です。

なぜかプロフィール写真を海外旅行の写真にしてしまう人が多いのですが……それはあくまでも、プライベート用のブログやSNSの発想です。写真を載せるのは、「読者に安心と信頼感を与え、ビジネスの顧客になってほしいから」です。旅行写真がその目的に適《かな》う理由があるのならいいのですが、基本的にはないと思います。

「なにを伝えるための写真なのか」――。そこをしっかりと意識して、プロフィール写真とバナー写真にはこだわってください。

タイトルと写真で、一瞬で読者をつかめ

ブログでもSNSでも、**記事を読んでもらうためにもっとも重要なものは、タイトルと写真**です。

文字情報というのは読者が意識的に読まないと内容が頭に入ってきませんが、タイトルは短いので一瞬で認知できますし、写真は視界に入れば勝手に情報が流れ込んできます。

SNSの場合は、タイトルの概念がないので「最初の1行」を大切にするといいでしょう。

すでに読者があなたのファンならば、文字情報だけでも期待感を持って読みはじめてくれます。でも、**ファンでもない、はじめて見に来た読者は、あなたへの期待感や**

信頼感がないため、文字だけだと「面倒くさい」気持ちが勝ってしまうのです。

その壁を乗り越えるには、**タイトルは印象的で関心の引く内容にすること。そして、テーマに関連した写真を掲載する**ことです。

勝手に頭に入ってくる情報が魅力的であれば、その投稿を読むためのモチベーションが形成され、興味を持って本文を読んでもらえるはずです。

読み手を自分に置き換え、どんなタイトルだったら思わず読んでしまうかを想像し、できれば5案くらいは考えてみましょう。

タイトルのヒントになるのは、書籍です。売れる本のタイトルには、うまく読者を刺激する工夫がなされています。

アマゾンの売れ筋ランキングの書籍タイトルを見て、フォーマットとして活かせるものがあれば参考にするのもありです。ただし、あまりに煽り過ぎたタイトルだと、刺激的を通り越してうさんくさくなってしまうので、そこは読者の気持ちになって想像力を働かせて考えてください。

また、ブログではひとつの記事に対し、2〜3枚の写真を入れましょう。一説によれば、写真1枚には文字情報の7倍とも、1000文字相当の情報量があるともいわれます。写真1枚で、多くの情報を瞬時に読者に提供できるのですから、活かさない手はありません。

写真がしっかりと情報を持っていれば、文章で長々と説明する必要がなくなり、読みやすさを高められます。

ただし、情報量が多く印象を大きく左右する写真だからこそ、悪いイメージもすぐに伝わってしまいます。写真が暗いなどクオリティが低ければ、ネガティブなイメージを持たれてしまいます。ですから、撮影機材や写真を修正するツールなどはケチらずに取り揃えたほうがいいと思います。

「好かれる人」のブログ・SNSの書き方

みなさんが副業のために発信するブログやSNSは、プライベートと同じような内容であっていいはずがありません。仕事で得意先に会うときにスーツを着て、相手を尊重し、敬語で話すのがあたりまえであるように、**ブログやSNSもビジネスであることをわきまえて発信していきましょう**。

それを前提に置くと、「本来の自分＝地の自分」を丸出しにすることは避けたほうが賢明です。変にエッジを効かせるよりも、**不特定多数の人に信頼され、好かれるように発信することが基本**です。

人に好かれるためには、ブレることなく「いい人」であり続けてください。

みなさんの会社でも、おしゃれで物静かな人、荒っぽいけど元気な人など様々な個性の人がいると思います。でも、その個性を好む人もいれば、苦手に感じる人もいます。結局、より不特定多数に好かれるのは「いい人」だと僕は思うのです。

ネガティブなことをいわず、いつも前向きで人あたりのいい人。自己管理ができてメンタルが安定していて、発言に心配りが感じられる人。そういう「いい人」がもっとも信頼され、好かれているのです。

確かに時代はかなり変わってきていて、そんなにいい人でなくても副業で稼ぐ人はいるでしょう。でもやはり、個性を押しつけるより、まずは**「いい人」の基盤ができていないとビジネスシーンでは信頼を得られません**。だから、「いい人」になりましょう。自分のなかの目指す「いい人」のイメージを固め、マインドを整えて取り組むのです。

その指針がグダグダで、記事を書くごとにキャラクターがブレているようだと、人格が不安定な印象を与え信頼を損なってしまいます。

そこで、具体的にどこに気をつければ読者に好かれ、ファンになってもらえるのかを、以下の6つのポイントにまとめました。

①「好かれる人」はコンプレックスや失敗に向き合う
②「好かれる人」はスマート過ぎる自慢話をしない
③「好かれる人」は自分の経験を書く
④「好かれる人」は読む人にとって有益な話を書く
⑤「好かれる人」は「みんな」ではなく「あなた」に呼びかける
⑥「好かれる人」は写真写りの印象がいい

このポイントは、ブログに特化して想定した基本姿勢です。まずは、この6点を押さえて情報発信をはじめて、SNSなどにもエッセンスを入れていきましょう。

さらなる発言や振る舞いのヒントは、CHAPTER05からのリアルでの自己PRも参考にしてください。

では、①〜⑥まで、順を追って説明していきます。

「好かれる人」はコンプレックスや失敗に向き合う

僕は、作家の林真理子《はやしまりこ》さんのエッセーを以前より好んで読んでいます。見た目のこと、性格のことなど、自分のコンプレックスをなんとかしたいと思って改善に取り組むのだけど失敗してしまう。その過程がクスッと笑えて、読んでいて心地いいのです。

男性である僕が、女性のコンプレックスを笑うというのは褒められた話ではないのですが、林さんが綴《つづ》った文章からは、コンプレックスを堂々と晒《さら》し、ポジティブに向き合っていることが伝わってきます。だから読んでいてもつらい気持ちにならないし、「笑っていいのよ？　そのために書いているのだから」といわれているようで、素直に楽しく読めるのです。

もちろん、この心地よさは林さんの作家としての文章表現力があってのことです。ですが、僕たちも自己ＰＲとして表現をしていくうえで、学ぶべきことだと思います。

コンプレックスや失敗というのは、率直にいえる人のほうが好感を持たれるということです。

自分の顔や体、性格、不得意なこと、劣等感など、コンプレックスというのは表現しようとしなくても、言葉や行動の節々から匂い出てしまうものです。よって、ブログでも動画でも、様々な自己表現を発信していくなかで、わかる人にはわかってしまいます。

これから自己PRによって、自分を晒していくのですから、事前に「自分のなかのコンプレックス」を洗い出してみましょう。

人に隠さずいえるようなことなら、自分のパーソナリティを構成するパーツとして、どんなふうに人に共感してもらえる話し方ができるか考えてみてください。もちろん、他人にいうべきでないことまで無理して晒す必要はありません。

失敗談もコンプレックスと同様です。成功ばかりの人間なんてまずいないのですから、成功談ばかりを伝えているようでは、読者からすると腹を割って話してもらえている気がしません。

逆に、**失敗談は人間味を感じ、共感しやすいのです。失敗談をベースに、教訓や役立つ情報を提供されると、読者はスムーズにそれを受け入れることができます。**できれば、その失敗談が笑い話になっていると明るい気分で読めるので、なおいいでしょう。

そうはいっても、なんでもかんでも赤裸々に伝えればいいというわけではありません。どこまでなら笑い話にできるか、自分のなかで線引きをすることは大事です。

何度もいいますが、**自己ＰＲにおける情報発信は、見てくれる人のために行う**のです。ですから、まずあなたができる限り腹を割ることが大切。「好かれる」ためには、完璧な人間を演じる必要などまったくなく、むしろその逆であるべきなのです。

そのために、失敗やコンプレックスという共感されやすいネタを、どううまくコントロールして使っていけるかを考えていきましょう。

「好かれる人」はスマート過ぎる自慢話をしない

もしかしたら、心根の優しい人にはなかなか伝わらないかもしれない話なのですが、**「美し過ぎる話」や「スマート過ぎる成功談」というのは眉唾《まゆつば》に感じてしまうし、嫌味に感じてしまう**ものです。

例えば、次のような話をブログやフェイスブックで見かけたら、みなさんはどう感じますか?

「今日、電車でおばあちゃんが立っているのに、誰も席を譲らないんです。ちょっとわたしの席からは遠かったけれど、『ここに座ってください!』といって席を譲りました。やっぱりいいことをするとすごく気持ちがいいです! わたしの仕事もたくさんの人に役立つことが目標です。日々の姿勢から役立つことをしていきたいですね!」

素晴らしいエピソードです。こういう話をして「素晴らしい！」「自分もそうありたい！」と共感してくれる読者は、とてもいい読者です。でも、そう思わない人もいるのが現実世界。要するに、いい人過ぎて「鼻につく」のです。「うさんくさいなあ」「自分に酔ってるの？」「これ本当の話？」と斜に構えて読む人もいるでしょう。

こういう話をどう感じるかは、その人のキャラクターによります。自己PRによって、「めちゃくちゃいい人」であることがすっかり浸透している人や、心のきれいさがライブや歌詞で裏付けられているアーティストだったら、こんなブログを書いても疑われないかもしれません。

でも、まだまだセルフブランディングできていない状態の人がこんな話を書いたら、「好かれたくて嘘を書いてるんじゃないの？」と疑われてしまうこともあるわけです。そんな感想を持たれる原因は、**エピソードを信用する根拠がなく、リアリティが感じられないからです。**

先述の「失敗」や「コンプレックス」に通じる話ですが、**自分の「弱い部分を見せる」**

ことがリアリティや親近感につながります。

先の文章がこう変わったら、どんな印象を受けますか？
「今日、電車でおばあちゃんが立っていたんです。こういうとき、席を譲るのって勇気がいりますよね。しかも、わたしの席から微妙に距離が遠い……。でも、あきらめたら自己嫌悪に陥りそう。『ごちゃごちゃ考えるのはやめだ！』と、思いきって声をあげました。声が大き過ぎた気もしますが、すごくよろこんでもらえました。『挑戦するよろこび』ってこういうことなのかなと、自分自身が役に立てることを少しだけ感じ取れた1日でした」

だいぶ印象が変わるのではないでしょうか？　「いいことなのに葛藤する」「恥ずかしくて勇気が出ない」という、自分の弱みを晒すことで共感できる部分があると思うのです。自分と同じ葛藤を持つ人の成功談となり、素直に「いい人だな」ととらえることができます。

この心理は、仕事上の成功談でも、高い買い物をしたときでも、あらゆる「自慢話」になりかねない話題に触れる際に意識しておくといいと思います。

以前、ある売れっ子モデルさんがSNSで高級ブランドの靴を買った話を投稿していたのですが、やはりこうしたポイントを押さえた表現をしていました。

「ずっとほしかったこの靴、どうしようか迷った挙句……思いきって分割払いで買っちゃいました。しばらく節約生活に入ります……（泣）」

売れっ子のモデルさんですから、20万円するような靴でも一括で買えないわけがありません。海外セレブであれば、「この靴はわたしにこそふさわしい」くらいいっても嫌味なくキマると思いますが、親近感を大切にする日本人では、それが高慢《こうまん》さや金持ちの浪費といったネガティブな印象に映ります。

そのため彼女は、「高級品にためらう自分」を表現して親近感を保ちつつ、ファッションやトレンドへの感度を表現しているのです。

ブログでは、副業で実際に行った仕事や実績をどんどん報告していくべきだと思いますが、成功体験ばかりが書かれていると自慢話に映ってしまいます。

そこで、「なんでもできてしまうスーパーマン、スーパーウーマン」ではなく、成功するために「徹夜でプレゼンの準備をした」とか、「予測もしないトラブルに正直、戸惑った」など、**葛藤や努力、困惑なども描き、読者と同じ人間であることを表現すると読者はあなたのことをますます好きになってくれる**はずです。

「好かれる人」は自分の経験を書く

ブログでもSNSでもそうですが、**引用記事ばかりで自分の言葉がない情報発信は読まれません。**

○ネットニュースの紹介
○偉人の格言
○トリビアネタ
○クイズ

こういった二次情報による投稿は、コンテンツとして成立したような気持ちにはな

ります し、報道記事を毎回投稿している人はキュレーターとして貢献している気分になるのかもしれません。しかし、そこに自分の意見がなかったら、ブログの読者やSNSのフォロワーは仮に増えても、**あなたの人格は反映されないため、自己PRにはいっさい貢献することはありません**。

ツイッターだけなら集客装置として割り切るのもありかもしれませんが、ブログはいわばあなたの「連載コラム」のようなもの。ですから、自分の言葉を意識的に発信していきましょう。

報道記事を引用しつつ、それに対して自分はどう考えるのか？　どう読み解き役立てるべきなのか？　といった主観的な情報を盛り込んで紹介するべきでしょう。

ただ、そればかりを切り口にするのも、どこか評論家っぽい印象を与えてしまいます。むしろキレキレの評論なら評価を得られますが、そうでもないなら、あまり好感を持たれにくいアプローチです。そもそも引用や評論なんて、あなたがわざわざ発信しなくても世の中にあふれています。

それよりも、**自分の体験を軸として、自分だけの読者に役立つ情報や考え方、おもしろい話を発信していくほうが読者に好かれる**でしょう。

二次情報の発信というのは、書くことがなくなったときにどうしても頼ってしまいがちです。強い目的もなく行うのでなければ、無理に書く必要はありません。それよりも本を読んだり、街へ出たりしてアンテナを広げ、自分の体験を深めることを優先するべきでしょう。

「好かれる人」は読む人にとって有益な話を書く

何度もお伝えしているように、**自己PRにおける情報発信は、「読む人のための発信」であるべき**です。あなたの自己満足や、承認欲求を満たすために書いていると、読者に簡単に見透かされます。つねに、**読む人のメリットを意識して情報提供を行ってください。**

メリットのひとつは「情報価値」です。読む人にあなたの体験を通じて新しい発見や視点を提供したり、悩みを解決できたり、追体験を味わってもらえたりする記事を書きましょう。

113ページで、ブログを、あなたの専門分野に関するノウハウをひととおりまとめるような場所にすることを提案しましたが、これはまさに「悩みを解決する」情報価値の提供になります。

あなたがなんらかのスポーツのコーチを副業とするのなら、初心者が押さえるべきテクニックや練習方法をブログで順を追ってまとめていけば、初心者にとってのバイブルとなります。また、営業職のスキルアップ支援を副業とするなら、あなたのノウハウをカテゴリごとにまとめたり、事例別にトークスクリプト（台本）をまとめたりするなど、価値ある情報を提供できます。

もちろんそれだけでなく、最新トレンドの紹介や自分のプレーヤーとしての経験を嚙み砕いて教訓化し、エピソードも語るなど、様々な情報価値の提供の仕方があるはずです。

つねに、読み手にとってどんな価値を提供できるかを考えて発信することで、あなたのファンが確実に増えていきます。

また、**読者に提供すべきもうひとつのメリットは、「気分を上げる」こと。**「読むと元気になれる」「ポジティブな気分になる」という価値です。

ときに笑いを入れたり、「ネガティブなことは書かない」「つねに読者を応援することを意識する」などしたりして、読者の気分をポジティブにするブログは、多くの人に愛されます。

いずれにせよ、**「読者にとってどんな投稿をすることがよろこばれるか」を考えるサービス精神があってこそ、読者をファン化させることができます。**

ですから、「○○さん（著名人）の講演に行ってきました！　やっぱり○○さんはすごいですね」といって一緒に撮った写真を載せても、それは読者にとってまったくメリットのない自己満足の投稿に過ぎません。今日の食事の写真をブログでアップしているようでは情報価値の低い投稿です。それこそ、インスタグラムで投稿すればいいでしょう。

また、政治批判や宗教批判など、あなたの考えを述べ、それが示唆《しさ》に富んだ内容であっても傷つく人がいたり、反感を覚える人がいたりする内容を語るのは、読者のことを考えているとは言い難い。

政治であれ、経済や犯罪、社会問題であれ、なにかを非難して終わるようなブログを書くのはおすすめできません。単純に、暗い気分になるからです。

みなさんの自己PRの目的は、あくまでもファンづくりです。自己満足を捨て、自分の言葉一つひとつがつねに「誰かのためになる」「誰かを嫌な気分にさせない」ものになっているかを意識して発信を行ってください。その配慮の積み重ねが、あなたの人徳となります。

「好かれる人」は「みんな」ではなく「あなた」に呼びかける

小手先のテクニックと思われるかもしれませんが、**大多数の「みなさん」に語りか**

けるのか、多数のなかのひとり「あなた」に呼びかけるのか――。この言葉ひとつの使いわけで、メッセージの印象は大きく変わります。

身近な例でいえば、ショッピングモールの専門店の声出しです。店員さんが商品整理をしながら、お客さんを見もしないで「いらっしゃいませー、新作商品入荷中でーす」と声を出している限り、お客さんにとってその声はただの雑音に過ぎません。不特定多数に向けた言葉だからです。

でも、「新作商品入荷しました！　ぜひご覧ください！」という掛け声がなんとなく気になって店舗を見ると、その店員さんが自分に向かって声をかけていて、ニコッと微笑んだらどうでしょうか？　「わたしに向かっていっていたんだ」と思ったら、ちょっと見てみようとなりますよね。

誰だって、**「大勢のひとり」として扱われるより、自分自身が「個」として扱われるほうが「尊重されている」と感じますし、尊重されると相手に好意を感じる**ものです。

ブログでは、実際に見に来た人それぞれに呼びかけることはできませんが、それでも読者を「個」として扱う意識は大切です。

その一端が、「みなさん」と「あなた」の使いわけです。そして、投稿する記事の内容も回ごとに「どんな人に向けて書くのか」のイメージを深めましょう。

ターゲットのイメージや、悩んでいることのイメージを深めることで、書くべきことが具体的に見えてきますし、「こんなことに悩んでいる人もいるのではないでしょうか？」と例示することで、読者もまた親近感を持って読むことができます。

「好かれる人」は写真写りの印象がいい

写真はブログやSNSを投稿する際に必ず入れるべきです。

〇読者に記事への関心と読むためのモチベーションを持たせる
〇伝えたいことをスムーズに理解してもらえる

その2点のメリットがあるからです。

さらに自己PRの観点では、その写真にはあなたの姿も写っていることが理想です。**写真であなた自身を魅力的に見せることで印象をアップ**させるのです。

スーツ姿など、働いている元気なあなたが写ることで、「この人、頑張っているんだなあ」「ちゃんとしている人だなあ」と感じてもらうことができます。

ただし、**その姿がだらしなかったり、ダメっぽかったりしたら逆効果**です。例えば、仕事の忙しさを表現するためにデスクやパソコンの写真を載せるのはいいのですが、そこに食べかけのカップラーメンなんかが写っていたら、だらしなさだけが強調されてしまいます。

また、**服装や身だしなみは、どんなときでも清潔感がなければいけません**。僕は広報PRコンサルタントの仕事で従業員や経営者の身だしなみのアドバイスをすることもあるのですが、無難な方法として「いつも新しめのシャツを着る」ことをおすすめしています。

おしゃれな格好というのは、けっして大多数に好印象だけを与えるものではありません。嫌味な感じがしたり、近づきにくさを感じたり、ＴＰＯに合っていなかったり、ネガティブな印象を与えることもあります。多数に支持されることを考えると、ハイブランドでキメるよりも、清潔感を重視するほうが多くの人に信頼されます。

ユニクロなどで白シャツを定期的に買って、自然な感じで着こなせていれば十分です。印象のいい写真写りのための、最低限の努力はしましょう。

そのうえで、カバンや万年筆など持ち物のこだわりが写真で見えると、さりげないおしゃれさが印象よく伝わるはずです。

また、飲み会のことを記事にして、みんなで赤い顔をした写真を掲載するのも「楽しさ」以前に「だらしなさ」が伝わります。そもそも読者がそれを見て、なんのメリットがあるのかをよく考えましょう。それならば、いい日本酒を持ったあなたの写真を載せて、その日本酒の魅力を語るほうが情報としての価値があります。

先に「きれい過ぎる成功談は鼻につく」「失敗談を隠さず見せる」と書きましたが、こと**写真に関しては「ちゃんとしている人」を徹底したほうがいい**と思っています。

写真は情報量が多く、読み手に与える印象も強いため、ネガティブな要素のコントロールが難しいからです。

逆に、写真で「ちゃんとしている人」という印象を与えていれば、文章で少し抜けたエピソードや微妙な表現があったとしても、信頼をそこまで落とすことはないでしょう。「なんだか今回の文章は変だったな。とはいっても、この人はちゃんとしているから」と思ってもらえるはずです。

「ライフラインチャート」と「年表」でキャラクターを設定

テレビドラマや映画の脚本づくりの過程では、登場人物それぞれの生い立ちを年表にしてまとめることがあります（小説家や漫画家にも、同じようなことをする人はいるようです）。

年表にするのは、作品のなかでの歴史があやふやにならないためでもありますし、キャラクターのバックボーンをしっかり規定することで、ストーリーのなかでのキャラごとの思考や判断に違和感がないようにするためです。

みなさんが**ブログやSNSで表現する自分もまた、ひとつのキャラクターです。そのため、自分を表現するストーリーがブレてしまわないよう、生まれてから今日までの年表を書くことをおすすめ**します。併せて、51ページで紹介した「ライフラインチャート」を活用しましょう。

ライフラインチャートは、自分にできる副業や自分の持つスキルを洗い出すために作成する〝自分史〟でした。「こういう経験があったから、自分はこの副業をはじめることにした」という動機に関わる過去や、「尊敬する先輩にこんなことをいわれて以来、自分は考えをあらためた」といった価値観・人生観の変容が起こったきっかけを把握し、自分のことを過去と紐づけて語れるようにしておきましょう。

ライフラインチャートによって自分を深掘りできたら、人に自分のことや、仕事のことを語るうえで重要な項目は、シンプルな年表というかたちにまとめておくと管理しやすくなります。

「自分のことを語る」機会は、自身のブログやSNSでの情報発信だけではありません。例えばリアルの場では、商談や打ち合わせなどではじめて会う人への自己紹介があるでしょう。

自分について語るうえで、**特に「なぜ、この仕事をはじめたのか」「仕事を通じてなにを実現したいのか」という動機とビジョンは聞かれたらポンと答えられるべき**です。「そうですね……。うーん、どうでしょうか」などと口ごもっていては、相手は「たいした理念もポリシーもない人なんだな」とみなして関心を失いますし、率直にいえば「つまらない人だな」と思うでしょう。これは、自己PRにおいて明確な敗北です。企業の採用面接だって、志望動機ややりたいことが語れなければ受かるはずもありません。

まず、自分を明確に語れること。そして、それが語る場所によって変わらないこと。そのために、ライフラインチャートと年表を活用し、「自分というキャラ」をしっかり設定・管理しておきましょう。

ブログ自体も「販促ツール」

テレビの情報番組やバラエティ番組というのは、オチ直前のいちばんいいところでCMに入ります。そこで、「早く結論を見せてよ」と視聴者が思うのは制作側も理解しています。しかしながら、テレビも商売ですから、広告スポンサーに配慮し視聴者にCMを見てもらえるロジックを守らなければなりません。

CMを挟まずに最後まで見せたほうが視聴者はよろこぶとしても、最後まで見せてしまったらCMを見てもらえないのはあきらかです。

このロジックはみなさんのブログでも活用したほうがいいものです。僕は、ブログで自分のノウハウを体系的にまとめるなど、読む人のメリットになる「情報価値」を提供するようみなさんにお伝えしました。

だからといって**「自分の持つノウハウのすべてを書く」なんてことはしなくていい**のです。

いくら**読者が増えようが、感謝されようが、それをやったらあなたは「用済み」**です。

スポーツなど実技をともなうノウハウであれば、座学の知識をいくらブログで伝えても問題はありません。頭でわかっていても読者の体は100%の再現をできませんし、そもそもスポーツを継続するモチベーションを維持できない人もたくさんいます。だから、実技指導や練習会などを開催するビジネスの余地が残されます。

ですが、ビジネスマナーなど**「知識そのもの」を商売にする場合、それを全部公開したらあなたのビジネスの余地がなくなります**。また、あなただけが持つノウハウがあるなら、それを全部公開したら同業者にすべて真似されて差別化ができなくなるでしょう。

コンサルティングビジネスなら、改善すべき点やノウハウを出し過ぎてしまうと、自分たちで改善できてしまってあなたにコンサルを依頼する必要がなくなってしまいます。

ここまで「自己ＰＲ」の場としてブログを語ってきましたが、**ブログは同時に「ビジネスの場」であり、「販促ツール」であることを忘れないようにしてください。**

無料で公開する情報は、部分的でなければなりません。「その業界のベテランなら誰でも知っているけれど、未熟な人は知らない」程度のノウハウにあえてとどめたり、あるいは「あたりまえのことだけど、それを体系化してまとめたサイトがないから価値がある」程度にとどめたりするのが無難です。

そのうえで、**どこまで「価値ある情報」を撒き餌《まえ》として公開するかを考えるのがビジネス**です。ブログには「問い合わせ先」を設置し、それ以上のノウハウや情報、課題解決の方法を知りたければ、自分にビジネスの依頼が来るように情報をコントロールしましょう。

あるいは、ブログだけでビジネスを完結させるなら、ｎｏｔｅなどのサービスを活用し、価値ある情報は有料コンテンツ化するのもいいと思います。

もちろん、毎回の投稿が販促的である必要はありません。「ブログを読んで興味が湧いたら、相談や仕事の依頼ができる」ことをブログのトップページやプロフィール欄などに明記しておけばいいことです。そして、「これぞ」という記事に、「さらに知りたい方は、ぜひご相談ください」とか「有料コンテンツで公開していますのでご覧ください」などの宣伝を加えればいいのです。

嫌なコメントは「イチロー思考」で処理する

インターネットを活用した自己PRでは、炎上しないための対策についても考えておきましょう。

2021年5月、プロテニスプレーヤーの大坂《おおさか》なおみ選手が全仏オープンを前に、試合後の記者会見を拒否する意向を示しました。確かに、彼女に対する記者会見は、一視聴者として見ていても「そんな質問をここでする必要ある?」と思うほど、テニスに関係のない質問にあふれていました。

日本の記者は彼女の試合におけるアスリートとしてのパフォーマンスよりも、タレントとしてのパーソナリティに興味があったのでしょう。ですが、大坂選手からすればタレントになった覚えなどありませんから、競技に関係のない質問に辟易《へきえき》していたのだと推察されます。

僕たちは世界的プレーヤーでも著名人でもありませんが、ブログなどの自己PR活動がある程度軌道に乗ってくれば、コメントなどでおかしなことをいってくる人は、多かれ少なかれ現れます。

ツイッターであれば、リツイートが20件もつけば「いや、そういう意味でいっているんじゃないよ……」と思う見当違いの非難や曲解のリプライがつきますし、さらに件数が増えればもう意味のわからない誹謗中傷なども簡単に受けます。

そんな悪意のコメントに対応する必要は、まったくありません。議論が必要な真っ当な反論なら対応すればいいのですが、悪意にしか思えないものは「やめてください」とか「誤解です」というコメントを出す必要すらありません。ひたすら、無視が最適解です。

真っ当な読者なら、どちらが悪いかをちゃんと見抜いてくれます。むしろ、反論をすると「ほうっておけばいいのに」と思われますし、熱くなって論破しようとすれば「なんか偉そうなことをいっているな」と、**ほかの読者にまで悪印象を与えてしまいます。**

元メジャーリーガーのイチロー選手が現役のときの記者会見を思い出してみてください。記者が野球と関係のない質問をすれば、やや冷たい笑顔で「それ関係ないですよね」とシャットアウトしていました。その結果、イチロー選手の会見ではほどよい緊張感が生まれ、有意義な質問ばかりがされる環境整備ができていたのです。

同じように、**不可解なコメントや悪意のコメントは、ひたすら無視です。そうすれば、彼ら彼女らは遊び甲斐のないあなたへの粘着をやめます。**

これは、リアルでの安全面からも大切なことです。変に反論して逆上されれば、身に危険が及ぶこともあり得ます。

いくら気をつけているつもりでも、どこで個人情報というのは漏れているかわからないものです。僕自身も以前、ネットや著書のどこかにヒントがあったのか、知らない人に自宅訪問されたことがありました。幸いにして好意からの訪問でしたが、これが仕返しや嫌がらせだったらと思うと心の底から恐怖を覚えます。そんな「事故PR」にならないよう、敵をつくらない危機管理をしながらイメージアップを図っていってください。

CHAPTER

05

リアルで一緒に仕事をしたくなる人のイメージづくり【リアルPR】

「売れっ子」に見せて「売れっ子」になる

「結果を出す」――。

それがビジネスで成功するために必要なのはあたりまえのことです。でも、**結果は一生懸命に働くだけでは手に入りません。**

例えば放送作家の現場では、出すアイデアがいくらよくても「採用されない人」はたくさんいます。なぜかというと、「いいアイデアを出しそうな人」に見えないからです。

ヨレヨレのＴシャツを着て、なおかつ寝不足の表情……。そして自信なさげにアイデアを語る姿は、「アイデアを拾ってもらえたらラッキー」という下手に出た感じに見えます。自分のアイデアの価値をわざわざ自分で下げているのです。

そういう姿を見るたび、「せっかく能力があるのに、もったいないな」と思ったものです。

社会人経験がそれなりにある人ならば、誰でも知っているはずです。「自信満々の人」の意見はよくとおるし、「デキる雰囲気の人」の意見もよくとおるということを。もっといえば、男でも女でも「容姿が魅力的な人の意見はよく通る」。相手がデレするからというより、**見た目の「魅力」と自信からくる「正しさ」の印象が意見の説得力を補う**からです。

だから僕は、**放送作家の駆け出しの時代から「売れている雰囲気」を大切にしました**。フリーランスの放送作家だったので、僕の実績を誰も詳細には把握することができません。

「野呂は最近、仕事が結構入ってるんだな」と思わせれば、「そんな人間がそれだけ自信満々にいうのだから」という説得力が加味されて、アイデアが採用されやすいのです。

Tシャツ姿の放送作家が並ぶ企画会議に、僕はブランドもののジャケットを着て臨みました。靴や時計にもお金を惜しまないうえ、乗る車は中古のベンツ。本当は最近お手頃価格で買ったのに、「もう長年乗って古くなったんですけど、愛着があって乗り替えられないですね……」なんていっていたわけです。

するとまわりの人のあいだでは、「へえ、野呂はまだ若いのにベンツに乗っているのか。それなりに稼いでいるんだな。きっといい企画をつくれるんだろうな」と噂がひとり歩きしていきます。

そうした、「野呂は売れている」という印象を意図的につくり、一目置かれるための自己PRを展開したのです。

いわば「ハッタリ」なわけですが、そもそもアイデアがおもしろくなかったり、会議に遅刻したりするような人間では、そんなハッタリはききません。**自分の「いい仕事」を正しく、「いいもの」として受け取ってもらえる努力をした**のです。

あなたに対する印象は他者が決めることですが、その判断材料を提供しているのはあなた自身です。**自らが提供する「印象」の判断材料を、自分にとって有利になるよ**

うにコントロールしていくことを忘れないようにしてください。

「会社の看板」なしでも信頼される自分になる

みなさんがこれから副業に乗り出すにあたり、WEBを活用した自己PR（CHAPTER03、04）だけでなく、商談や打ち合わせ、パーティーなど**リアルの場での自己PRがビジネスの成否をわけます**。

せっかく、ブログなどのWEBを活用した自己PRによって仕事の相談をもらっても、**実際に顧客に対面したときに、「期待していたけどなんだかパッとしない人だなあ」とガッカリされてしまったらビジネスはそこで終了**です。挨拶をしてなんとなくの仕事の話をして、「まだ検討段階でしたので、お願いすることになれば再度ご連絡します」と、お茶を濁《にご》されるのがオチでしょう。

直接、会って話したときにこそ、「この人は迫力があるな」「おもしろい人だ」「信頼できそうだ」と感じてもらえる。そんな自己PRが、ビジネスを生み出すのです。

「そんなの会社員でも当然のことだろう」と思うかもしれませんが、個人事業では会社勤め以上にこのリアルでの印象は重要です。なぜなら、「会社の看板」があなたの信用をフォローしてくれないからです。

会社員として得意先や取引先の人と会うとき、あなたの背後には「会社の看板」がありますす。そのため、あなた自身の仕事の能力や言動、振る舞い、身だしなみが相手の信用を得られるようなものでなかったとしても、「会社の看板」――つまり、**会社の実績やブランドがあなたの信用を担保してくれています**。

たとえ、あなたが仕事でミスをして顧客を激怒させても、上司と謝罪をすれば取引きを継続できるでしょう。これの意味するところは、顧客はあなたではなく、あなたの会社と取り引きをしているということです。

また、あなた自身が顧客にきちんと信頼されているとしても、やはりその信頼は「会社の看板」を前提としたものです。

これを履き違えて、「自分が信用されて仕事が成立してきた」と思っていると、フリーランスや副業では大失敗します。**個人事業では、あなた自身が信頼も期待も得ら**

れなかったらそれまでです。

ですから、会社員の自分とは意識を切り替え、謙虚に自分の言動や態度、振る舞い、身だしなみを見直し、「会社の看板がなくても信頼される自分になる」ことが大切なのです。

実際に、脱サラで個人事業を立ち上げた多くの人が、この意識改革ができずに路頭に迷います。

例えば、顧客も気を遣うような大企業に所属していたり、社内で一定の地位にあったり、兄貴分・姉貴分のような存在であったがために、そのプライドを個人事業に持ち込んでしまうのはよくある話です。はじめて会った顧客からすれば、「なんでこの人、こんなに偉そうなんだ?」と困惑してしまいます。

あるいはフランクな企業文化や業界の文化をそのまま個人事業に持ち込み、顧客を辟易とさせてしまうのです。

もう一度いいます。**会社員としての自分を一度リセットしましょう**。

このCHAPTER05では、実際に顧客と対面したときの「リアル自己PR」の考え方と押さえるべきポイントを紹介していきます。

リアルの場面を想定したものですが、WEBを活用した自己PRとしても、CHAPTER03、04の次のステップの自己表現として活用できるでしょう。

また、オンライン会議や動画配信のような、リアルとオンラインの境目が曖昧なケースにおいても、立ち居振る舞いのヒントになるはずです。

人の印象は、「2秒」で決まる

1枚の写真は、文字換算で1000文字相当もの情報があるとされますが、動画は1分間で180万字相当の情報量があるとされます。瞬時に大量の情報を提供できるからこそ、いま多くの企業が動画マーケティングに力を入れ、ブランディングや販促に活用しています。

では、動画より高精細で画角も圧倒的に広い、「人間のリアルの視覚情報」は、瞬時にどれほどの情報を与えるのでしょうか？

アメリカの心理学者、ティモシー・ウィルソンの研究によれば、**人は１秒間に両目で１１００万以上の信号を受信し、脳が処理しているといいます。そして、人が視覚で相手に抱く印象は、ほんの１、２秒で決まる**のだそうです。

確かにいわれてみれば、「おっ、いいな」とか「嫌だな」といった感情は相手を見た瞬間に感じるものであって、その印象を理屈として言葉にしたり、論理的に裏付けたりするのに僕たちは時間をかけているだけなのかもしれません。

まずは、この瞬間的な見た目の印象をよくすることから考えていきましょう。

顔の造形は持って生まれたものですから、大きく変えるのは困難です。それよりも、**肌や歯のケア、ヒゲやうぶ毛の処理、ヘアスタイル、そして表情など、努力次第で整えられることを徹底すべき**です。

「わたしは笑うのが苦手だから……」という人もいますが、笑顔は表情筋という筋肉の働きでしかないので、そんなところでつまずくのはもったいないことです。**苦手とあきらめる前に、鏡の前で笑う練習をして固まった表情をゆるやかにしましょう**。そのための対策は、インターネットで検索すればいくらでも出てきます。

体型もトレーニングなどで均整の取れた状態であればベストですが、**僕は体型よりも服装などの清潔感が重要**だと考えています。

いくらマッチョで美しい体型をしている男性でも、シャツがシワシワの人に「頼もしさ」なんて感じませんよね。

服装は高級感があれば印象がいいですが、それ以上に重要なのは清潔感。僕はビジネスでは白いワイシャツを着ることを前提に、定期的に新しいものを購入しています。ジャケットも毎年必ず一斉に買い替え、くたびれた印象を与えないことを重視しています。

また小物では、メガネやカバンは自分が自由に使えるお金を使ってできるだけいいものを購入します。また、ボールペンや傘などは「使い捨て」を使わないようにしています。高級ブランドでなくてもいいので、「確かなもの」を持つことが大事です。

こうしたことに気を遣うだけで醸《かも》し出す雰囲気はグッとよくなり、相手が抱く第一印象が大きく改善されます。

「業界っぽい服装」の落とし穴

服装については、**「それぞれの業界の慣例」に引っ張られることなく、誰にとってもスタンダードで無難に感じられるものにすることを心がけてほしい**と思います。

例えば、僕がかつて主戦場としていたテレビ業界は、Tシャツと短パンなどのラフな格好や、尖《とが》ったファッションも許される業界です。デザインなど、クリエイティブの業界も似たような傾向があるのではないでしょうか。

IT業界では、経営者でさえ自社の社名が入ったTシャツを着てメディアに登場することがありますが、それも業界内での流行りや慣例に過ぎません。

ひとたびほかの業界に出れば、それらはすべて「非常識」なのです。

名の知れたクリエイターであれば、顧客との打ち合わせにヒョウ柄のジャケットを着ようが、ジャージを着ようが、個人にブランドと実績があるため非常識がまかりとおります。

でも、**副業で駆け出しのみなさんが顧客に「非常識」と思われれば、そこですべてが終わり**ます。「俺はクリエイターだから」とか、「この業界ではこんな感じだから」なんて理由は通用しません。

僕は放送作家の仕事でもコンサルの仕事でも、基本的にジャケットに白シャツ、チノパンとスニーカーでとおしています。ジャケットとシャツを着れば、どこの業界の人に会っても違和感がありません。また、スラックスと革靴のほうがより無難ですが、あえてチノパンとスニーカーを履くのは、僕がデスクに座って指示を出す側の人間でなく、指示を受けて「汗水垂らして動く側」であることの矜持《きょうじ》を示しています。

また、「無難さ」が差別化になることさえあります。僕の知っているWEBライターは、企業との商談にジャケットと白シャツを着て行っただけで、「TPOのわかる人でよかった」と安心され契約できたそうです。それだけ、ラフなファッションで企業訪問をしてしまうライターが多く、無難さが安心感につながったということです。

誰だって半日も経てば清潔感を保てない

コロナ禍においては、感染リスクの問題からすっかり機会が減ってしまいましたが、僕の仕事のルーティンは、実務はだいたい夕方までで終わらせて夜は顧客と会食という流れでした。

特にコンサルの仕事では、企業の重要人物やその紹介で会う立場ある人との会食が多いのです。

それだけに、**夕方以降の身だしなみにも深く注意を払うようになりました。**女性だと昼食後やアフターファイブに化粧直しをすることは珍しくありませんが、その点、男性は無頓着な人が多いものです。

でも、**生き物である以上、男性だって本来は〝お直し〟が必要**だと思うのです。朝に剃ったヒゲは午後になれば青々としてきますし、夏は汗と脂でシャツや髪はクタクタになります。夕方近くなると、スーツの肩にフケが落ちている人をよく見かけますが、自分でちゃんと気づいていますか？
誰だって、「清潔感」を朝と同じように1日中保つことなどできません。それをあたりまえと思わず、**メンテナンスの手間をかけることで顧客からの印象をアップさせることができる**のです。

僕は1日にだいたい5回程度、食事後と人に会う前には歯を磨くようにしています。指毛と鼻毛は永久脱毛をし、ヒゲも朝夕の2回剃り、髪も3回くらい整えます。つねに替えのシャツとジャケットも用意しています。
人に会うときは最大限、身だしなみを整えておきたいのです。僕ももう50代ですから、できる限り清潔感を保つ努力をしないといい状態をキープできません。会食の相手もだいたい同年代か僕より年上ですが、みんな汚いおじさんの相手なんてしたくないのです。

いま、コロナ禍でテレワークが中心の人は、より意識したほうがいいのではないでしょうか。ふだん**目の前に人がいないことで、見られている意識が低下している可能

性があるからです。朝だけでなく、昼食後には鏡の前に立つ癖をつけて、自分の姿を客観的にチェックする習慣を大事にしてください。

自分に自信のない人ほど「自撮り」せよ

いまの若い世代の人たちは、スマホで写真をしょっちゅう撮るのでそんなことはないと思いますが、40代以上にもなってくると、「自分の写った写真をしばらく見ていない」という人は多いのではないでしょうか。

毎日、鏡で見ている自分と、写真などの「他者の視点」で見える自分はかなり印象が違うことが多いですよね。最近では、オンライン会議をやってみたらパソコンに映っている自分の表情の悪さに愕然《がくぜん》としたという声もよく聞かれます。

実際は、自分が思うほど変でもないし、悪くもないはずですが、見慣れないから自分の想定を下回ってしまい、コンプレックスを感じたり自信をなくしたりしてしまうのです。

自分に自信を持つには、まず「他人から見えている自分」と自分の認識のギャップ

を埋めていくことが大切です。顔が大きいとか、太っているとか、しわが増えてきたとか……なんらかのコンプレックスがあるにせよ、それも含めて「自分の見られている姿」を正しく認識しましょう。

そのためにやってほしいのは**「自撮り」の習慣**です。SNSをはじめとしたWEBに公開する・しないは自由ですが、自分を毎日、写真に撮って見てみましょう。

自分の姿を日々チェックすることで、コンプレックスになっている部分も見慣れていき、それを受け入れることができるかもしれません。それに、**他人からすれば、あなたが持っているコンプレックスよりも、表情や清潔感、ファッション、年相応の振る舞いなどのほうが印象や評価に大きく影響**します。自撮りによって「人から見える自分」をチェックして、コンプレックス以外の要素に目を向けるのです。

コロナ禍以前にたくさんいた訪日外国人観光客は、実によく自撮りをしていました。これはあくまで僕の印象ですが、彼ら彼女らは、体型も顔も肌の色もそばかすも、自分の個性として肯定している人が多いように感じます。一方で、笑顔や身だしなみにはしっかりと気を遣っています。国民性もあって一概にはいえませんが、エチケットを守り、他人に見える自分自身を大切にしているから、堂々と自分を写真に収め、SNSにアップするのです。

ポイントを整理します。自撮りで客観的に自分を見る機会を増やすことで、

○自分の認識と「他人から見える自分」のギャップを埋める
○自分の姿を受け入れ、コンプレックスを小さくする
○身だしなみを整え、自分に自信を持つ

この3つのポイントを解決しておきましょう。

見た目のコンプレックスは自分にとっては大問題ですが、他者からすれば「たいして気にしていない」し、もっといえば「どうでもいいこと」です。つまり、あなたのビジネスにたいして影響はありません。

それよりも、前向きに見た目の印象をよくする努力をして、自分に自信を持ち、気持ちのいい笑顔で人に接するようにしましょう。それが、相手の好感につながり、あなたのビジネスをさらに成功へと導きます。

名刺は「品よくシンプル」が最強

先にお伝えしたように、使い捨てのボールペン、ビニール傘、紙袋などはあなた自身の印象に悪影響なので持ち歩かないほうがいいでしょう。

また近年、100円ショップの商品の品質が高まっていることは重々承知していますが、それでも筆箱やポーチなど、大切な仕事道具で安物を使っていると悪目立ちをしてしまいます。けっして高級ブランドでなくてもいいので、品のよいアイテムを持つことでイメージを損なわず、好印象につなげることができます。

そうした持ち物のなかでも、意外とポイントを外しがちなのは、「名刺」です。顧客に会って最初に交わすアイテムですから、**名刺の印象は思っている以上にあなた自身の印象に影響します。**

まず論外なのは、「家庭用プリンターで自作した名刺」です。家電量販店などで売っている名刺用紙は、自宅のプリンターで印刷できて、名刺サイズにキリトリ線でカットできるという代物です。さすがにこの選択は、なしです。見ればすぐに自家製だとわかりますし、チープな雰囲気と印象しか残らないでしょう。

また、しっかり印刷会社で刷られた名刺でも、イラスト入りの名刺や、派手な色づかいの名刺もできるだけ避けたほうが賢明です。

名刺において大切なのは、なにより「品」です。イラストや多色が配されてもなお品のいいデザインならともかく、多くの場合、ただの安っぽさの演出になってしまっています。

顧客の担当者が若い人なら「この名刺かわいいですね」なんて盛りあがれるかもしれませんが、**幅広く多くの人に受け入れられるのは、シンプルで品のいい名刺**です。

僕の場合は、白い厚紙に黒インクで名前と会社の連絡先を記しただけの、いたってシンプルな名刺にしています。「あまりに簡素では？」と思われるかもしれませんが、「野呂さん、手触りのいい紙を使っているね。ちゃんと活版印刷で刷っているし雰囲気あるよ」と、わかる人にはわかってもらえます。

言い方ひとつで「売れっ子」の印象がひとり歩きする

人は、服装や持ち物を含めた見た目や雰囲気から相手の情報を無意識に探っています。「優しそう」「怖そう」という性格を探るのと同じように、「自信がありそう」「羽振りがよさそう」といった情報もしっかりとキャッチしています。

ですから、**見た目や雰囲気をうまく使い「売れっ子」を演じることが、あなたの仕事への評価や期待値にも大きく影響する**のです。

さらに、見た目や雰囲気だけでなく、**「自分は売れっ子である」ということを、日々のちょっとした言動でも徹底して表現**していきましょう。

笑い話のようなネタですが、僕は放送作家になった駆け出しの頃、よく「昨日は赤坂にいました」とか「このあとフジテレビなんですよ」といっていました。

テレビ業界では、赤坂といえばＴＢＳを指します。実際は、ただ赤坂で飲んでいただけなのですが、言い方ひとつで周囲が勝手に「ＴＢＳでも仕事しているのか。売れているなあ」となります。また、フジテレビにもただ知人と話しに行っただけですが、「フジテレビの仕事もあるのか、すごいな！」となるのです。

僕のこのやり方は、もはや「嘘ではない」というだけで、バレたら評価の下がるグレーゾーンのハッタリですが、ありかなしかでいえば、「あり」だと思います。

例えば、商談や打ち合わせで相手に気を遣ってか、「僕は今日、何時まででも大丈夫ですよ」という人がいます。その気遣いは素晴らしいのですが、無駄に話し合いの時間が延びるだけであまり建設的な効果はありません。

それよりも「〇時から次がありまして……」といったほうが、「それなら時間までに終わらせよう」と効率的に話し合いが行われますし、「ほかにもいろいろ仕事をしている人なんだな」という印象を残すことができます。

顧客が会社員であれば、個人事業でバリバリ働いている人に憧れと敬意を持ってくれる人も意外と多く、それだけで信頼感につながります。

ブログで日々の仕事について書いていったほうがいいのも、「仕事がたくさんあって、いつも忙しい」ことを印象づけるためです。

「仕事がたくさんある」↓「売れっ子」↓「売れっ子はいい仕事をしてくれる」↓「相応のギャラを払うべきだろう」と、仕事に対する期待や信頼に加え、あなたの仕事の価格にもいい影響を与えてくれるでしょう。

「今日は商談が2件しかなくて」では暇そうですが、「さっきまで商談が2件続けてあって」というとバリバリ働いている印象を与えることができます。こうした、「売れている自分」を演出する言葉の言い換えを習慣化してください。

逆に、「いつでも呼んでいただければすぐ伺います！」とか、「なにか仕事はありませんか？」といった「売れていない宣言」は厳禁です。仕事がないのは実力がないことの証拠ですから、わざわざ信頼性の低い人に仕事を依頼しませんし、振るとすれば安い仕事だけです。

向こうから、「ぜひお願いしたい」といわせる努力をしてください。

悪口や陰口はいわず、褒めまくる

人に好かれたかったら「悪口はいわない」を超えて、「悪いことはいっさい考えない」ようにしましょう。

プライベートなことや仕事のことでどうしようもない怒りが湧いたとしても、恨んだり妬んだり、その人の不幸を願うようなことはいっさいしないと決めるのです。もし思ってしまったら、頭をブンブン振って掻《か》き消してください。

誰だってネガティブな感情になることはあるし、怒りの感情を覚えることはあります。でも、その感情を持ち続けないことが大切なのです。

そんな感情は、商売にとって邪魔なだけです。そんな感情を持ち続けてしまうから、会話のなかでつい誰かの悪口をいったり愚痴をこぼしたりしてしまうのです。

ひとたび口に出してしまえば、取り返しはつきません。話し相手も共感して盛りあがってくれたとしても、**悪口や陰口というのは人徳を下げます**。聞くほうも、「こんなふうに、わたしの悪口を誰かにいっているのかな?」と勘ぐってしまうでしょうし、陰口をいっていたことを報告されたら仕事を失ってしまいます。一時的なストレスで、わざわざ他人に自分の生殺与奪《せいさつよだつ》の権を握らせるなんて、どう考えても賢明ではありません。

それでも、ストレスは僕たちの判断力を低下させ、非合理的な発言をさせてしまうものです。だから、「絶対に悪口はいわない」「他人のことを口にするなら褒める」という強いルールを自分に課すぐらいがちょうどいいのです。

広報PRコンサルタントの仕事を通じて様々な一流の経営者やビジネスパーソンに会いますが、**人が集まり、人に尊敬される人は言葉も姿勢もポジティブ**です。**悪口も陰口もいわない。むしろ、人を褒めることにエネルギーを割いています。**褒めることで相手に自信を持たせ、明るい気持ちにさせてくれます。

いつもポジティブで前向きな言葉を発する人と話すと、自分もくだらないことにとらわれず、明るい気持ちでいようとなります。誰だって気分のよくなる人、尊敬できる人と仕事がしたいですから、そういう存在に近づけるよう努力するべきだと思うのです。

ポジティブであれば、それが人を通じて跳ね返り、自分にもいい影響を与えてくれるのです。

慣例にとらわれない気配りと配慮をする

経営者や役員は別として、勤務先の同僚とあなたとの年収や生活レベルには、それほど大きな差はないと思います。そのため、**人間関係が会社中心だと飲み会をする店の価格帯も、遊びに行く場所のレベルやマナーや常識もだいたい固定化されます。**

しかし、会社の外の人間関係では、まったく考え方が異なる場合があります。あたりまえの話ですが、年収があなたの2倍以上ある人たちと関われば、必然的に会食の場も高単価になり得ます。また、気遣いやおもてなしの意識が高い人たちと関われば、あなたも相応の配慮ができないと恥をかくことになります。

これまでの会社の仕事では関わらなかった、多種多様な人たちと仕事をしていくのであれば、人づきあいにおける気配りや配慮のレベルも見直していく必要があるでしょう。

例えば、自分の常識で打ち合わせや商談の場所を喫茶店にした結果、不快感を露《あら》わにされてしまうということも起こり得ます。それなりの報酬がある仕事や、社会的ステータスのある人間と席を設けるのであれば、ホテルのラウンジを指定するなど相応しい選択をしなければなりません。

また、少人数での親密な会食の席では、僕は必ず手土産を持参するようにしています。荷物にならない小さな包みの高級菓子など、相手の好みそうなものを用意するのです。

好印象を持ってほしいことが目的なのは当然ですが、手ぶらで行くと、ほかの人は手土産を持ってきたのに自分だけなにも用意していない……ということもよくあるからです。

会社の人と会うときは、そんな気遣いは不要だったかもしれません。でも、ひとたび外に出たら、意外と手土産をマナーにしている人はいますから、自分が恥をかかないための準備をしておくといいでしょう。

これは知人の経験ですが、顧客も交えた比較的カジュアルな酒の席で、「今日は堅苦しいこと抜きに割り勘で！」となったそうです。その際、「ふだんの飲み会ではこうだから」といって1円単位まで割り勘の計算をしだした人がいてチマチマと小銭を出し合って一気に興覚めした空気になったそう。

そういうときは、1000円単位で集めて端数は自分（会計係だった場合）が支払えばいいのです。たった1000円以下で、「気持ちのいい人だ！」「ありがとう！」と感謝されて好感度が上がるのだから安いものですよね。

ここで挙げた例のように、**「いままではこうだったから」という思考で気遣いを忘れることがつまらない恥をかく原因になりがち**です。いままでの人間関係での文化や習慣にとらわれず、相手に気持ちよくなってもらえる最善の配慮を考えましょう。

「行きつけの店」は頼れるビジネスパートナー

僕の仕事は夜の会食も多いと書きましたが、そもそも自分で新しい店を発掘するのも好きで、雑誌やWEB記事を読んで気になった店によく足を運びます。そして、お気に入りの店ができれば、知人を連れて何度も食事をし、**お店の人に「常連」と認識してもらえるようにしています**。

「常連」になると食事は俄然楽しくなります。「白ワインと、それに合うのを3つほど」と注文した際、僕の好みをセレクトに反映してもらえます。試作品や、とっておきの料理を出してもらえるし、お店の人との会話も回数を重ねるごとに楽しくなります。

そんな関係性ができれば、その店は僕にとって頼れるビジネスパートナーのようなもの。**ビジネスでの大事な人との会食でも常連の店にお招きし、念入りなおもてなしをお願いしています**。お店から「特別なゲスト」としての扱いを受ければ、相手にも満足な夜を過ごしてもらえるでしょう。

いくら評判のいい店を予約しても、その店とまったく関係性ができていなければ、「今日の相手はできるだけ手厚くもてなしてください」とお願いしても、そんなリクエストに応えてくれるわけがありません。お店からしたら、一見の客を特別扱いするメリットなどないのですから当然です。

僕にとっての気心の知れた信頼できる店は、都内だけで10店舗ほどあります。みなさんも副業で個人事業をはじめれば、こうした会食の機会が必ず出てきます。あるいは、宴会の幹事を務めることもあるはずです。

会社組織に属していても、幹事としての店選びの能力は、評価というより評判につながります。まして個人事業では、幹事としての成否は顧客との関係性や評価に大きく影響します。

いざ、接待や少人数での会食の幹事をやることになってからあたふたと店を探すのでは間に合いません。**「ここなら間違いない」という店を探し、普段から常連になっておくことをおすすめします。**

パーティーや懇親会では「気を遣わせたら負け」

副業が軌道に乗れば、個人でパーティーや懇親会などの席に呼ばれることもあります。取引先企業の謝恩会や式典、あるいは同業者との懇親パーティーなどです。

こういった場での振る舞いも、あなたの評価と印象に直結します。**早い話が、「多くの人と交流してみんなを楽しませ、自分もアピールできる」なら最高だし、「ビビって誰とも挨拶できず、隅っこで静かに食事をしている」なら最悪だということです。**

こういった場に慣れている人は、おそらくあまりいないと思います。ですが、**せめて「ソツなく立ち回れる」ようにはなりましょう。**

主催者に、「○○さん、どうですか？ 楽しんでもらえていますか？」と声をかけられたら、それは「楽しめてなさそうだから気を遣われた」のです。

あなたはひっそり目立たないようにしていたつもりでも、その様子は周囲から悪目立ちします。**せっかく呼んでもらえたのに忙しい主催者に気を遣わせるのですから、**

静かにしていることは美徳でも慎ましさでもなんでもありません。

あなたが最低限、主催者に貢献し印象を高めるためにするべきことは、迷惑にならないように楽しんで、「とても素晴らしいパーティーでした。○○さんにご挨拶する機会もできて最高でした」と、実りある場であったことを伝えることではないでしょうか。それでこそ、主催者の努力が報われるのです。

ですから、**得意先の懇親会であれば、企業のトップなどと名刺交換をし、無難な挨拶を交わす「挨拶まわり」は仕事だと思ってしっかり行いましょう。**名刺交換をしたトップや役員も、人が多過ぎて誰が誰だかよくわかっていませんが、それが今日の自分の仕事と思って丁重《ていちょう》かつ無難な会話を交わしてくれます。あなたはなにも奇をてらう必要はなく、自分の紹介と日頃の感謝を述べられればそれで十分です。

同業者のパーティーなど、様々な人と会話の必要がある場では、コミュニケーション能力に自信がある人はどんどん話しかけましょう。そうでない人は、まず端的に自己紹介をきちんとできるようにしておけば、質問をし合うだけで会話は成立します。

こういう場では会話が盛りあがるかどうかは別として、**最低限きちんと人と話せる社交性を示す**こと。それが、あなたの評価となっていきます。

名刺交換後は、速攻の御礼メールが有効

パーティーや懇親会もそうですし、商談や打ち合わせでも同じですが、**名刺をもらったら「自分から御礼メールを送る」ことを徹底**しましょう。

とにかく、相手よりも先に御礼メールを出すことが鉄則です。「その日のうちに」では、相手もその日のうちに御礼メールをしてくる可能性がありますから、できるだけ速やかに、商談後に現地で喫茶店に入ってその場から送るくらいの速さを追求してもいいと思います。


思い返せば、「御礼メールを送る」という習慣は新人時代には持っていたのに、中堅・ベテランになったらおこたっている人も多いのではないかと推測します。そんなスタ

ンスは、会社の看板にもたれかかって、ただふんぞり返っているようなものです。

副業で個人事業をはじめたら、あなたはまったくの〝新人〟なのです。相手の印象を高めることに必死に取り組むべき状況で、**御礼メール1本で好感や信頼が得られるとすれば、これほど「手軽でおいしい」手段はない**でしょう。

僕は50歳を過ぎたいまも、「自分がいちばんのペーペー（下っ端）」だと意識するよう努めています。経営者や立場ある人にもいうべきことは恐れず物申しますが、それはあくまでも仕事であり、自分に課せられた役割だからです。それ以外では、ひたすら謙虚でありたいものです。

自分がもっともペーペーなのだから、御礼メールを真っ先に送るのは当然のこと。特に、僕のような年齢のいった人間は、「目上」として扱われやすいのですから、謙虚の姿勢を行動で伝えられる、またとないチャンスです。

こうした姿勢を示すことで印象もよくなりますし、顧客の担当者から相談をしてもらいやすい雰囲気もつくれます。

人間というのは、すぐに調子に乗ってしまう生き物です。**自分をいつも謙虚でいさせるためのひとつの習慣として、「速攻の御礼メール」を徹底するのも悪くない**と思います。

遅刻での信用失墜を防ぐ「朝型」スタイルのすすめ

「自分がいちばんのぺーぺー」なのですから、遅刻なんてもってのほかです。

それこそ、やっと相手に時間を確保してもらったプレゼンなどの大事な局面であれば、信用失墜の度合いはあまりに大きいと思います。

僕は遅刻で手痛い失態を経験しています。テレビの世界は深夜の収録も多く、夜型生活があたりまえでしたが、取材は容赦なく朝でも入ってきます。

関西のある有名な大学教授の先生に午前10時から時間を空けてもらっていたのに、夜型ゆえに睡眠がうまく取れず、目覚めたら朝9時ではありませんか。もう東京の自宅からは、どうあがいても間に合いませんでした。

僕はそれ以来、**夜型生活をあらため、朝5時には起きる朝型生活を基本スタイルに切り替えました。**

朝5時に起きれば、今日1日のスケジュールを見直したり、メールチェックをしたり、服装や持ち物の準備もぬかりなくすることができます。スケジュールに入れた時間が少しズレていても、5時に気づけばだいたいどこの場所でも間に合いますし、出勤時間も前倒せば満員電車を避けて動けるので体力にも余裕を残せます。

つまり、**朝型生活は「どんな状況でも遅刻しない」ための最善策**なのです。遅刻はどんなに気をつけていても起こり得ます。電車の遅延は自力ではどうにもなりませんし、スケジュール管理のミス、あるいは疲労困憊で寝坊してしまうことがないとは限りません。

それなら、普段から朝早く起きておけば寝坊しても取り返せるし、スケジュールの確認もできるということです。

副業をはじめると、1日のタイムスケジュールは変則的になりがちです。会社の出勤前・退勤後に副業の商談や面会があったりなかったり、土日にいつもの出勤時間とは違う時間に予定を入れたりすることも多くなります。

そのぶん、スケジュール管理のミスなども起こりやすくなりますから、1日のはじまりにフォローできる時間を設けることをおすすめします。

「電話にすぐ出る」「メールは即返」でチャンスを逃すな

近頃では、ビジネスにおける電話やメールに対する考え方が変わってきています。例えば、メールやビジネスチャットが主流になってきたことで「電話をかけてくるなんて非常識だ」という考えの人も増えています。

これは業務効率の観点が大きいのでしょう。電話は突然かかってきて、予定外の時間を奪います。しかも、自分で会話の内容はメモしないといけません。それなら「はじめからメールで文面化すれば連絡手段としては効率的だ」ということです。

また、メール対応も、忙しい人ほど「午前中にすべてのメールを返信し、午後に来たメールは翌朝対応する」というスタイルが効率的だと考え、実践している人がたくさんいます。

では、みなさんも副業で効率的にビジネスをするなら、同じように対応するべきでしょうか？　僕もこの問題は悩ましいのですが、**これから副業を発展させていこうとするみなさんは、「電話はすぐ出る」「メールは即返」が最適解**だと思います。

みなさんの副業が軌道に乗って、仕事を得るよりも効率性のほうが重要だというのなら、電話対応に消極的で、メールはまとめて対応するのもありかもしれません。でも、現段階ではこれから副業でどんどん仕事を増やして、稼いでいきたい立場ですよね？　そうなのであれば、顧客最優先の姿勢を崩さないほうが得です。

仕事の依頼をする相手の立場に立って考えてみましょう。「別に急いでないからゆっくり考えておいて」という状況もあれば、「急いでいるから、すぐOKもらえる人に依頼したい」という状況もあるわけです。後者のときに連絡がつかなければ、完全に案件受注の機会ロスとなります。

二度、三度、そういうときに連絡してすぐ対応してもらえないのであれば、もう急

ぎの用件のときにあなたに連絡することはありません。

また、急ぎの用件は、顧客にとってはピンチの状況だと思うべきです。すぐ電話やメールに対応してくれる人は、いわばピンチにおける救世主でもあるわけですから、そこで信用を得ていくことで、今後案件を積極的にふってくれる可能性は高いと思います。

依頼を受けるにせよ、受けないにせよ、「すぐ電話に出てくれる」「すぐメールに返事をくれる」なら、顧客からすればスムーズに次のアクションに移ることができます。スピーディな対応というのは、それだけで価値のあることです。

その価値ある対応を提供してくれる人は評価が高まり、印象がよくなっていくのは必然ではないでしょうか。

「電話は出ない」「メールはまとめて返信」というスタンスの人が今後も増えていくのであれば、あなたのスピード感はなおさら差別化になるはずです。

定期的なコミュニケーションを習慣化する

副業をはじめることとの大きなメリットは、「新しい人間関係」が生まれることです。いままでの会社員だけの生活では交わる機会のなかった人たちとのつながりが生まれ、新たな学びを得て世界がどんどん広がっていきます。本業の仕事でもその関係性を活かし、勤務先に新しい風を吹き込んだり、いままで以上の成果を生み出せたりする可能性もあるでしょう。

しかし、人間関係といっても、「1回仕事をしただけ」「名刺交換をしただけ」では深いつながりにはなりません。出会いはあくまで、「きっかけ」に過ぎないのです。

そこから**継続的に連絡を保つことで、会話や仕事の機会が生まれ、2回、3回と接点ができて関係性が強まっていく**のです。

僕はいま、放送作家、広報PRコンサルタントの仕事を合わせて約2000人とのつながりを持っていますが、できればその全員とコミュニケーションを維持し続けたいと考え、**定期的な連絡を欠かさない**ようにしています。

フェイスブックなどでつながっているなら、相手の投稿になんらかのポジティブなコメントを残し、SNSのつながりがなければ電話やメールを定期的にしています。また、相手の会社で大きなプロジェクト始動がある場合や、つながりのある人のメディア出演などがあれば必ず「拝見しましたよ！」とメールをしますし、相手の動きがわからなければ、僕の近況について機会を見て連絡します。例えばそれは、相手に関連しそうなビジネスの事例紹介や情報提供などです。

「相手に忘れられないこと」について、僕は必死でありたいと思っています。

例えば、メールを送るタイミング。「山田さん」という人に用件があってメール送信先に名前を入力すれば、連絡帳に入っているいくつもの「山田さん」が出てくるはずです。

その際に僕は、「要件のある山田さん」以外の「すべての山田さん」にもなんらかの連絡をすることをルール化しています。

あるいは、「○○商事の山田さん」に用件がある際に、「○○商事」のほかの知り合い全員にも連絡をします。

そうすればなんらかの返事をもらえますし、新たな担当案件や、あるいは異動や転職などの近況もわかってつながりを維持することができます。その流れのなかで、新たな仕事の相談がくることも珍しくありません。

みなさんがいま勤務する会社での人脈は、本当にいつでも連絡が取れる関係性になっていますか？　僕は**1年間もコミュニケーションを欠いてしまったら、それはご縁が切れてしまったと同然のこと**だと思っています。

人脈とは「いつでも連絡が取り合える関係」でなければならないのです。長らくご無沙汰しておいて、用があるときだけ連絡するというのでは誠意が感じられませんし、それを気に病んで用があっても連絡できないのでは意味がありません。

もし、いまの会社での人脈さえ放置気味になっているのなら、今日から考え方をあらためましょう。会社での人脈はもちろん、これから副業のなかで知り合う人たちとも、定期的に連絡を取れる関係性をつくり維持していってください。

CHAPTER 06

「会話が楽しい人」に仕事とお金はやってくる【リアルPR】

「会話が楽しい人」はビジネスでも最強だ！

仕事において「会話していて楽しい」だけの人は、正直あまり戦力になりません。それよりも、「真面目で仕事が正確」「処理速度がとにかく速い」「深い考察力と幅広い知識を持っている」など、より実務的な能力のほうが仕事の遂行には重要です。でも、それだけだと物足りません。あくまで自己完結した能力に過ぎず、他人との関係性を高めたり、周囲のモチベーションをも引き出したりするようなスキルではないからです。

仕事はひとりでは完結できない以上、「実務能力」＋「コミュニケーション能力」が合わさることが大切です。例えば、あなたに深い知識があっても、それを相手に届ける能力がなければなにも伝わらないし、いくら仕事ができても「話しているとうんざりする」ようでは誰も一緒に仕事をしたいと思ってくれません。

僕は、**あまたあるコミュニケーションスキルのなかでも、実務能力に「会話の楽しさ」が加わることが最強**だと思っています。

あなたが「楽しい会話ができる人」だと、打ち合わせではどんどん会話が弾んで雰囲気が和み、みんなが能力を発揮しやすい環境を生み出します。

また、商談や提案では、お互いの理解も深まり、あなたの印象がよくなるので意見やアイデアも前向きに聞いてもらうことができるでしょう。

あなたを「好き」になってくれるので、あれこれ面会の口実を考えなくても顧客は気軽に会ってくれますし、価格交渉などのナイーブなことも「全然いいよ、はっきりいってもらって」「つまりこういうこと?」と相手が理解しようと努めてくれます。

さらに、リスキーな意見をいっても怒られなくなります。言葉にすると簡単に見えますが、**「怒らせない」ってすごいスキルです。後ろ盾のない個人事業主にとって、最強の防具**だと思うのです。

「会話の楽しさ」は相手の好意に直結するため、コミュニケーション全般を下支えしてくれる魅力的なスキルとなります。ただし、それだけだと薄っぺらいので、確かな実務能力の信頼がともなうことで真価を発揮します。

CHAPTER06では、この「会話の楽しさ」をどう生み出すかをロジカルに解説していきます。

自分の声を聞く「レコーディング研究」

自分の声をしっかりと聞いたことはありますか?

動画に自分の声が入っているだけでも、聞き慣れないので気持ち悪くて嫌だという人がほとんどではないでしょうか。

そこで、**営業や打ち合わせでの会話を録音し、自分の会話をしっかりと分析する「レコーディング研究」で、その気持ち悪さと向き合って乗り越えましょう。**

実際に、僕も自分のプレゼンを録音して、何度も聞き直しました。相手に正当な理由もなく「録音しています」と伝えると、話しにくくなったり、居心地の悪さを感じさせてしまったりするのですが、いまはオンライン会議などの機会も増えましたので、録音も容易になりました。

会話を聞き直してみると、改善点がたくさん見つかります。まず、よくわかるのは「相手の反応」です。自分の発言に対し、相手が肯定的か否定的かは空気感ではっきりわかります。それをキャッチできていないというより、キャッチしようともしていなかった自分に気がつきます。

そのほか、

○相手の発言の意図やニュアンスを、きちんと理解できていない
○質問の内容に十分に答えられていない
○会話量のバランスが悪く、自分ばかり話している
○相手の会話を遮《さえぎ》ったり被せたりしてしまっている
○相槌《あいづち》の入れ方がおかしい
○滑舌《かつぜつ》が悪い、声が小さい、早口になっている、トーンに抑揚がない
○「えー」「つまり」「その」「ちょっと」が多く、理解を妨げている

このような問題点がたくさん見つかるはずです。

そのポイントに気づくたび、自分が少しイタい人のようで恥ずかしくなるのですが、痛みが激しいからこそ全力で直したくなるので、かなり改善できます。

この**「レコーディング研究」は、コミュニケーションの改善だけでなく、「緊張しなくなる」という効果も期待できます**。自分の話し方に聞き慣れますし、問題点は潰してきたという自信が安心感になるのです。

大人数のいる大会議室でのプレゼン、地位の高い相手との会話など、より緊張しやすい場面があれば、それもレコーディング研究でどういった変化を起こしやすいか分析することで、あらゆるシチュエーションに対応できるようになっていきます。

緊張というのは伝播します。あなたが緊張すると、そこにいる相手も緊張してしまい、空気が凍りつくのです。でも、あなたがどんな場面でもリラックスして話せるようであれば、その場の雰囲気を和らげることに一役買えます。

ハードな局面でも緊張せず話すことができれば、周囲の人たちは「あの人はすごいな」と感心し、会話力だけで評価を得ることも期待できるでしょう。

ぜひ、みなさんも「レコーディング研究」を実践してみてください。

「会話の楽しさ」は相手が決めること

話をするのが苦手な人ほど、「楽しい会話」をするためには「楽しいことを話さなければならない」と思い込んでいる節があります。

でも、「楽しい」って誰が決めるのでしょう？　そうです、**あなたとの会話が楽しいかどうかを決めるのは「相手」にほかなりません。**

例えば話し相手が、「自分の話を聞いてほしい」と思っているのなら、あなたがどんなに「楽しい話」をしても満足してもらえません。**あなたはただ相槌を打ったり、興味がありそうに共感したりしていればいいし、質問を投げかけて相手により多く話してもらえばいい。そうすると相手は「この人と話すのは楽しいな！」と思ってくれる**るのです。

「聞き上手はモテる」とよくいいますが、多かれ少なかれ人は「自分の話を聞いてくれる人」を好む傾向にあります。自分に関心を持って、共感してくれる人を好きになるからです。

ですから、**「楽しい会話」のためには、まず「相手により多く話させること」を覚えておきましょう**。

実際、0：10で聞き役を求めるエゴの強い人はまずいませんから、3：7で会話をするためには、あなたもきちんと話をする必要があります。

そこで相手が楽しいと感じるのは、「関心のある話題」です。それは当然ですよね？ ラーメン通に一目置かれるような造詣《ぞうけい》の深いラーメントークも、興味のない人には苦痛なだけです。

相手の話を引き出すにも、興味のない話題を振るのではうまくいきません。「○○さんは、どんなラーメンが好きなんですか？」と振られても、ラーメンにあまり興味がない相手は困ってしまいます。

だから、相手の興味をキャッチして会話をすることが大切なのです。幅広い話題に対応できるよう広くアンテナを張り、知識を持っていることが「聞き上手」「振り上手」になるための近道です。

持つべき知識は、「浅く広く」で構いません。深い話は「それってどうしてなんですか？」と純粋に聞いて、相手に語ってもらえばいいのです。

「ウンチク」は気持ちいい。だから相手に話させる

「ウンチク話を一方的にするのはＮＧである」

このような内容は、会話のマナー本にも、モテるためのテクニック本にも、いくらでも書いてあります。みなさんもそれは実感として持っているはずです。延々と上司にウンチクを聞かされて辟易した経験があるのではないでしょうか。

しかし、頭ではわかっていてもやってしまうほど、「ウンチクを語ること」は楽しいものです。

まして、求められてウンチクを語るという状態は、話し手にとっては最高です。興味津々で自分の話を聞いてもらえて承認欲求が満たされるだけでなく、みんなが知らないことを知っている自分に優越感を抱くこともできます。「勉強になります！」「おもしろいです！」と感心されたら、自己効力感は高まりっぱなしです。

ですから、あなたが「楽しい会話」を提供したいなら、自分がウンチクを語るなんてもったいないことはやめましょう。**ウンチクは、相手に語ってもらって気分よくなってもらうための接待ツール**なのだと解釈しておくべきです。

ほうっておいても自分でウンチクを語り出す相手なら、興味ありげに聞いて盛りあげていればいいのですが、**難しいのは「一方的なウンチクを自重できる人」です。こういう人に、さりげなくウンチクのチャンスを振ってみましょう。**

例えばお酒の席なら、お酒にこだわりのありそうな人に「○○さん、よろしければおすすめの銘柄を教えていただけませんか？」と相手にワインや日本酒を選んでもらいます。お酒が席に来たら、「どうしてこのお酒を選ばれたのですか？」とすかさず質問し、知識やエピソードを深掘りしていきます。

会話のなかで自然にウンチクを語れる状況をつくり、質問で引き出していくのが理想だと思います。相手が野球好きだからといって、いきなり脈絡もなく野球の話題を振るのも変ですから、まずは「最近、子どもが野球に興味を持ちはじめまして」など、何気ない世間話からはじめるのがセオリーです。そして、「僕はあまり詳しくなくて……。〇〇さんから見たら、どこのチームなら応援のしがいがありますか?」と、ウンチクを求める〝振り〟を入れるというわけです。

こうした会話を展開するときに注意することは、「ウンチクの横取り」をしないこと。実は自分もかなり詳しい話題を相手が話しているときに興が乗ってしまい、「そうそう、それって本当はこうなんですよね!」と相手より詳しいことがバレてしまったら、元も子もありません。

相手のウンチク話に程よく油を注ぐときも、「不勉強なのですが」「このあいだ、はじめて知ったのですが」と知識が浅いことを前置きしたうえで、さわりの部分だけに触れて核心部分は相手に話してもらうようにしましょう。

自分のプライドより相手のメンツ

「（相手にとって）楽しい会話ができること」と「（自分が）会話を楽しむこと」は別問題です。

相手に「楽しい会話」を提供するということは、あくまでも相手本位で会話をすることであり、そのために自分は我慢することも必要です。

これは僕の経験談ですが、とあるパーティーで自動車メーカーの幹部の方が「こんなこと、君は知らないだろうけど」と前置きして、業界のあるプロジェクトについて僕に話しはじめたことがありました。

ですが、そのプロジェクトに僕自身も直接関与していたので、すべて知っている話でした。「うーん、僕のこと見誤られているなあ……」と思っても、そこで「存じています。わたしも関わっていますから」といってしまったら、高圧的な「前置き」が効いているぶん、相手のメンツは丸潰れです。

せめて、「君は知らないだろうけど」ではなく、「君は知っているかね？」ならば、僕の情報も出して建設的な意見交換ができたのですが、メンツがかかっていては仕方ありません。僕はいちいちはじめて聞いたように相槌を打ちながら、「そうなんですね。まったく知りませんでした。勉強になります」といって会話を終えました。

こういう会話をするとき、つねに心のなかで天秤が揺れると思います。

「時間の無駄。効率的に話したい」とか、「バカにするなよ。そんなこと知っている」という自分本位の感情と、「相手を立てよう」とする相手本位の優しさが揺れるのです。そこで自分本位の感情が優位になると、中途半端に自分のメンツを守る発言が出てしまいます。

そうならないよう、日頃から**大切なのは相手の感情であることを意識し、「自分をしつけておく」必要がある**と思います。

特にみなさんは、これから副業で、なんらかのプロフェッショナルとして「自分より知識のない人」を相手に仕事をしていくシーンが多くなっていきます。そのとき、心のなかに「相手を舐めている自分」がいないかどうかに注意してください。

例えばパソコンの初心者に使い方を教えるときも、「そんなこともわからないんですか？」とか、「さっき教えましたよ」という言葉が込み上げてくるのは、相手本位であろうとする意識とリスペクトが足りないからです。

自分本位のプライドや効率性、優越感、威厳なんか、どうでもいいのです。それよりも、「わたしもたまたま知っているだけですが」と謙虚に知識を提供したり、「ここ、多くの人が間違いやすいので念入りに教えますね」と配慮したり、自分本位はなくし相手本位になって気分を害さないように振る舞うことで、「あなたの教え方は楽しい」といってもらうことにつながります。

「楽しい会話」とは「おもしろいことをいう」のではなく、「相手に心地よい時間を過ごしてもらうこと」なのです。

「結論の先出し」で関心を引く会話術

近頃は**ビジネスの世界でも「結論を先に出す」ことがスタンダード**になっています。

それこそプレゼンを例に挙げてみても、様々なファクターを30分もかけて説明し、最後に「だから当社はAを提案します」と結論づけても、その結論に至るまでのプロセスを理解してもらうことなど難しいと思います。

それよりも、「Aにすべきです」と結論を先に伝え、その理由をあとから積み上げていったほうが確実に納得してもらえるでしょう。


実は、テレビの世界も似たところがあります。バラエティ番組やワイドショーのコメンテーターは、まず「これは、わたしは反対ですね」と結論を先に述べて視聴者をコメントに引きつけてから、「だってこうじゃないですか」と理由を説明することが常道です。

また、マツコ・デラックスさんのコメントに「斬れ味がある」と感じるのも、マツコさんが結論の先出しを意識しているからです。「バカね」「だからあんたはダメなのよ！」「わかるわぁ〜」「すごい好き」と短くインパクトのある言葉で賛否をズバッと示すことで、ユニークな持論をきちんと視聴者と共感できるように、話の流れを順序立てているのです。

もしマツコさんが、「これってこうじゃない？」→「でも、人ってこうなのよ」→「だからあなたはダメなのよ」と結論を後出しにしていたら、リズムが悪く、おもしろみが薄れてしまいます。ともすれば説教くさく、陰険《いんけん》にも映ってしまうかもしれません。

みなさんの会話でも、**まず結論の先出しをすると、自分の発言に注目を集められ、リズムよく、わかりやすく展開することができて効果的**です。

「なにをいいたいのかわからない話」ほどつまらないものはありません。そんな話し方をしているようでは、「で、結局なんなの？」と結論を急《せ》かされて空気は悪くなるだけです。いいアイデアや意見があっても、最後まで聞いてもらえなければ「意見がない」のと同じことなのです。

また、空気が停滞した会議では、結論をズバッと示すことが場に刺激を与え、リズムや空気感を生み出すことにもつながります。「あなたがいると会議が盛りあがるよ」といってもらえたら、確かな貢献として評価されたということです。

初対面でも会話が途切れないコツ

楽しい会話をするには、相手が共感できる話題を振ることが大切です。しかし、相手がはじめて会う人の場合は、服装やアイテムなど、その現場だけで趣味嗜好を探るにも限度があります。

そこで、**ビジネスの本題に入る前に軽く雑談を交わし、場の空気を温めつつ相手の情報収集をする**わけです。これは多くの人が自然にしていることでしょう。

会話の切り口の常套手段として、古くから「キドニタテカケシ衣食住」が挙げられます。以下のテーマの頭文字をとった言葉です。

○季節↓「街並みがすっかり秋の雰囲気ですね」
○道楽（趣味）↓「お休みの日はなにをされているのですか？」
○ニュース↓「あのニュースはびっくりしましたね」
○旅↓「この時期になると京都の○○寺の紅葉がきれいですよね」
○天気↓「雲行きがあやしいので、夕方は雨が降るかもしれませんね」
○家族↓「昨年、娘が生まれまして世話が大変です」
○健康↓「最近、ハマっている健康食品がありまして」
○仕事↓「第二営業部というのは、どんな事業をされているのですか？」
○衣料（ファッション）↓「おしゃれな色のネクタイですね！」
○食事（グルメ）↓「ここに来る途中、○○がおいしそうな店を見つけました」
○住居（住まい）↓「お住まいはどこですか？」

このような切り口が、会話をはじめる際に役立ちます。ただし、「常套手段」というだけあってありきたりなものですから、これだけで会話が盛りあがるのは難しい。

あくまで、相手のライフスタイルや仕事、オフィス周辺のことなど、情報収集のための切り口としての参考です。当たり障りのない会話から出てくるキーワードを掘り下げて、自分との共通点を探るほか、会話の温度感が高まる話題を探していきましょう。

僕は、**はじめての人に会うときは、かならず相手の情報を「ググる（ネットで検索する）」**ようにしています。大企業の役員や専門家の人なら、メディアの取材記事やほかの経営者のブログに名前が出ていることがよくあります。

また、ビジネスエリートはプライベートも精力的で、ヨットクラブの集合写真が出てきたり、学生時代にスポーツの有力選手だったことがあったりと、たくさんの情報が出てきます。

もちろんどんな人だって、いまの時代は名前で検索するだけで意外な情報を得られることは多く、フェイスブックやツイッターなども本名でアカウントを持っていれば必ず目をとおすようにしています。

著名人でもないのに、「ＳＮＳ見ましたよ」なんていったら警戒されそうであえていいませんが、相手の趣味やライフスタイルを事前に把握できれば、どの方向に話題を振れば話が弾むかが見えてきます。

また、**直接会う予定の個人のことだけでなく、所属する会社の動向やプレスリリースなども調べておくと話題をつくり出すことができます。**

「御社は〇〇の分野にも進出されるそうですね。僕個人にも無関係ではないので、とても注目しています」といえば、「うちの会社のことをよく調べてきているんだな」とわかり、印象がよくなることは間違いありません。いい印象が高まれば、相手の心のなかで安心感が生まれ、会話が盛りあがりやすくなります。事前に情報をインプットする習慣は、あなどれないものなのです。

自己PRの力は価値を増していく

僕はいま、ダイエットを目的に毎朝ランニングを欠かさずにしています。

最初こそ、「面倒くさいなあ」「疲れるなあ」と思っていたのですが、体が「朝、ランニングをする」という習慣を覚えると、メンタル的にも苦にならなくなり、すでに10kg以上やせました。

本書のキモである自己PRだって、習慣化して体で覚えて無意識で表現できることが大切。これはつまり、マインドセットの問題です。

いままで、「自分をよく見せる」ということができていなかった人の場合、はじめは「打算的だなあ」とか「いやらしいな」とか、抵抗を感じるかもしれません。

でも、頭でごちゃごちゃ考える前に、やってみることです。まだ副業に手をつけていない人は、いま働いている会社で自己PRを実践してみるといいでしょう。本書で伝えたように、表現や行動、習慣で「信頼されるように」「好かれるように」振る舞うことで、相手の反応や評価が好意的に変わります。

その結果、実務にどんな好影響が起きるかを、ぜひ実感してみてください。

ビジネスを飛躍させる力、つまり「稼ぐ力」を、いま多くの人が「実務能力が高いこと」だと考えています。おかしなもので、少し前なら「そうとも言い切れない」とわかっていたはずなんです。

「飲みニケーション」なんて言葉もあったほど、まずは同僚や顧客と酒を酌《く》み交わし、腹を割って話し、仲良くなること、信頼し合うことが仕事を円滑にするのだと誰もが知っていました。でも、その文化は、業務効率化とプライベートを尊重する考え方のなかで薄れてしまいました。

いま、じっくりと互いの人間性を理解し合う時間がないからこそ、「自分がどういう人間か」をしっかりと伝える自己ＰＲの能力がなおさら重要になっているのだと思います。

まして、リモートワークが普及し、はじめて会った人とモニター越しにスムーズに仕事をすることを求められています。技術は進歩しても、人間の心理は変わりませんから、「よくわからない相手」との仕事は不安とストレスにつながります。

だから、自己ＰＲによってスムーズに信頼を得て、ストレスのないコミュニケーションができることの価値は、今後さらに増していくでしょう。

ただ「実務能力が高い」だけの競合相手なら、自己ＰＲの力でずっと後ろに引き離すことができます。顧客に信頼され、好意を得て、有利なポジションで戦うことができるのです。

副業は「会社」という後ろ盾のない不安定なビジネスです。だからこそ、信頼と好意で結ばれたたくさんの顧客やパートナーとの関係性によって、安定した土台を築き、存分にあなたのスキルとノウハウを発揮して稼いでいってください。

いつか、僕もあなたの顧客やパートナーに加われる日を楽しみにしています。

２０２１年11月

野呂エイシロウ

副業は、自己PRがすべて。
「稼ぐ人」が実践する成功戦略

2021年12月1日　第1刷発行

著者　野呂エイシロウ

発行者　長坂嘉昭
発行所　株式会社プレジデント社
〒102-8641　東京都千代田区平河町2-16-1
平河町森タワー 13F
https://www.president.co.jp/
https://presidentstore.jp/
電話 03-3237-3731（編集・販売）

装丁・本文デザイン　森 玄一
企画・構成　岩川 悟（合同会社スリップストリーム）
編集協力　吉田大悟　笠井奈津子

販売　桂木栄一　高橋 徹　川井田美景　森田 巌
末吉秀樹　神田泰弘　花坂 稔　榛村光哲
編集　柳澤勇人
制作　関 結香

印刷・製本　中央精版印刷株式会社

ISBN 978-4-8334-4033-2
Printed in Japan